나는 한자다

한자는 누구이고 무엇인가? _ 정의가 필요하다

한자의 원리와 문화 _ 許愼의 6書를 현대적으로 해석하고, 한자를 분석하다

김태완 지음

신아사

* 이 책은 2018년도 한국연구재단 대학 인문역량 강화사업(CORE) 지원에 의해 출판되었음.

* This study was financially supported by Initiative for College of Humanities' Research and Education of National Research Foundation of Korea, 2018.

머리말

『나는 한자다!』

예전 어떤 TV 방송국에서 크게 인기를 누렸던『나는 가수다!』가 연상된다. 그렇다.

한자는 누구이고 무엇인가? 정의가 필요했다. 許愼이 붓을 들어 평생의 역작이 된『설문해자』에서 한자는 그 정의와 지위를 확정 받았다. 六書이다. 그 후 六書에 대한 여러 학자들의 견해가 있었다. 나아가 六書가 아닌 三書로 분석하기도 하였다. 모두 의미 있는 작업이다. 이는 동시에 허신의 육서가 완벽하지는 않다는 반증이기도 하다. 그러나 허신의 때는 漢代였다.

許愼은 字가 叔重이며, 그래서 당시 "五經無雙, 許叔重(오경에 있어서 허숙중을 능가할 사람은 없다)"으로 불렸었다. 스스로 愼重함을 모토로 삼기 위해 그의 이름 愼에 無雙의 '雙'과 압운이 되는 '重'을 합쳤을 것이다.

허신은 육서를 각각 여덟 개의 글자로 정의 내린다. 열 개의 글자가 아니다. 이 여덟 개의 글자는 허투루 사용할 여지도 없으며, 그야말로 신중하면서도 무쌍하게 배치해야 한다. 六書이니 모두 48개의 글자들이다. 이 역시 압운을 하고 있다. 無雙의 叔重처럼.

필자는 이 저서의 1부 「漢字의 原理와 基本」에서 六書에 대해 나름의 분석과 해석을 시도하였다. 그간 국내와 중국에서 육서의 해석과 이해에 대해 다소 부족함이 있었으며, 48개 글자들끼리의 관계에 대해서도 집중하지 않았음을 느꼈기 때문이다. 또 하나의 억지를 세상에 내놓는지도 모른다. 하지만, 시도가 중요하다 생각한다.

필자가 보기에 허신의 육서는 완벽하다. 아니, 완벽을 추구했다. 하지만 이는 하나의 '기준'이다. '기준'이란 그것이 그 반대의 경우보다 더 자주 일어나는 현상이라는 양면적 의미이기도 하다. 당연히 예외는 존재한다. 그러나 이 예외는 기준을 '증명'해 주는 예외이다. 그렇기에 학자들은 오랫동안 이에 대해 세부적으로 논의해왔다. 특히, 허신의 한자는 갑골문이 아니었다. 시황제의 전서였으며, 그 모양이 무너지는 예서를 안타까운 눈으로 보아야 했었다. 이 점을 간과해서는 안 된다. 그래서 허신의 육서는 소전의 육서라 해도 과언이 아닐 것이다.

하지만 한자는 태어나서 지금까지 그 원형을 간직하고 있다. 漢代에도 그랬고, 지금도 그렇다. 그래서 허신의 육서는 한자의 역사를 꿰뚫는 '기준'으로서 손색이 없다. 20세기에 그 모양이 바뀐 간화자 분석도 가능하며, 어쩌면 앞으로 언젠간 바뀔 한자의 모습은 오히려 육서에 근거해 바뀔지도 모른다.

2부 「漢字와 文化」에 이어 한자 혹은 중국어 단어들을 분석하고 이해하고자 하였다. 주로 근래에 주제와 이슈가 되는 글자들을 대상으로 하였다. 독자들에게 중국을 이해하는 데 작으나마 도움이 되길 바란다.

『나는 한자다!』

아니, 『내가 한자다!』

내가 한자가 되듯, 내가 허신이 되듯 이 책을 쓰고자 하였다.

독자들의 叱正을 감내하고, 바라며 썼다.

많이 부족하겠지만, 그 부족함을 메꿔주시길 바란다.

끝으로, 출판을 흔쾌히 수락해 준 [도서출판] 신아사의 정현걸 대표님 및 책다운 책을 만들기 위해 많은 시간을 할애해 주신 신아사 편집부원들께 깊이 감사드립니다.

2019년 세밑에 허신의 마음이 되어 머리말을 쓰다.

김태완

목차

제2장 한자의 수와 색

일러두기

* 본문의 한자어는 한글과 병기하였음.
* 단, 일반적인 한자어는 한글을 앞에 한자를 뒤에 작은 글자로 표시하고, 한자를 분석하는 서술에 필요한 한자는 한자를 앞에 표기하고, 한글은 작은 글씨로 표기함. 예) 한자어漢字語, 國국 依類象形의류상형
* 본문의 인명은 고대인은 한자 발음으로, 5• 4운동 이후 현대인은 중국어 발음으로 표기함.

제1부
漢字의 原理와 基本

제1장 六書

제2장 부수는 검색엔진이다

제3장 한자 단어

제1장 六書

제1절 한자의 기본 요소

1. 독체자

한자는 주지하다시피 그림문자이다. 그러나 이 그림은 아무렇게나 그려진 막무가내 같은 그림이 아니다. 문자로서의 그림이다.

한자를 처음 만들었을 사람들의 눈과 손으로 돌아가 보자. 그들이 보는 대상과 그 대상을 그리는 손으로 말이다. 최초의 글자는 사실 그림으로부터 시작했다. 물론 우리가 지금 말하고자 하는 한자에 관련한 이야기이다. 그들은 삶의 현장에서 마주하는 눈에 보이는 자연의 대상과 그들이 만들어낸 사물, 나아가 눈에 보이지 않는 추상적인 개념도 글자로 만들어냈다.

그러나 처음부터 글자를 만들려고 그 그림을 그리진 않았다. 인류는 동굴벽화에서부터 자신들의 삶을 그들이 기거하는 동굴의 벽에 그렸고, 그것은 지금까지 우리에게 전해진다. 그 그림을 우리는 지금 볼 수 있으며, 그것이 무엇을 그렸는지 안다. 그 '그림'을 우리는 '무엇'이라고 읽는다. 즉, 최초의 그들은 글자를 쓴 것이 아닌, 그림을 그린 것이다. 우리는 그 그림을 발음을 가진 문자로 읽는 것이다.

라스코 동굴 벽화의 일부

예를 들면 1940년에 우연히 발견된 프랑스의 라

스코 동굴(Lascaux Cave)의 벽에 그려진 소의 그림은 구석기인들이 보았던 대상이며, 사냥의 대상이었다. 그들은 처절한 전투를 벌였을 것이고 누군가는 소뿔에 받쳐 죽음을 당했다.

우리는 이 그림을 보고서 '소'라고 발음하며 한자로는 牛(소 우)라고 쓴다. 한자의 牛는 소의 전신이 아닌 소의 머리만을 그린 모양일 뿐, 소를 바라보았던 사람들의 눈은 같았다.

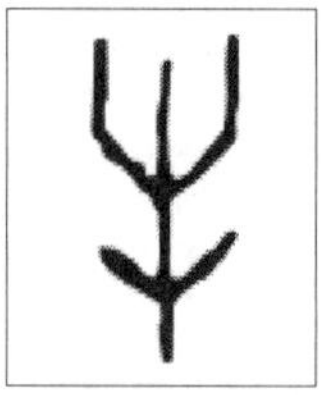

牛(소 우)의 갑골문 자형

이때, 한자 는 군더더기 하나 없는, 더 이상 나눌 수 없는 모양이다. 즉, 다른 요소가 더해지지 않은 채 단독으로 글자를 이루는 구조이다. 이것을 독체자獨體字라 부른다.

독체자는 글자 그대로 단독으로 글자를 이룰 수 있다. 이 독체자는 능력이 multiple하여서 모양으로서 의미를 드러낼 수 있으며, 그 모양이 곧 발음이다.

(독체자의) 모양 = [의미 × 발음]

우리는 무심히 한자가 우리에게 보여주는 '모양'은 그저 '의미'일 따름이라고 생각한다. 맞는 말이긴 한다. 한자는 그림문자, 즉 상형문자이기 때문이다. 그러나 우리가 간과해버린 중요한 사실은 그 '모양'이 곧 그 글자의 '소리'를 우리에게 들려주는 부호, 즉 발음부호라는 것이다.

심지어 한자는 사물이나 대상의 소리까지도 그림으로 그려냈다. 예를 들면 雷(우레 뢰)이다. 이 글자의 고대 자형 그러니까 갑골문 자형은 과 같다. 에서 가운데의 자형은 번개가 하늘에서 내리치는 모양이며, 좌우의 자형이 바로 '우르릉 쾅쾅'하며 내리치는 우레의 소리를 반영한 모습이다. 雷(우레 뢰)의 훈訓이 '우레'인 것도 역시 천둥의 소리를 반영한 의성어라 할 수 있으며, 중국어의 [léi] 역시 마찬가지이다.[1]

1 江河의 발음 [강]과 [하], [jiāng]과 [hé]도 마찬가지로 양자강과 황하가 흐르는 소리를 반영한 글자이다. 사물이 자연의 상태에서 내는 소리를 그대로 글자의 발음으로 삼은 것이다. 이 책의 [육서는 알파벳이다.]에서 다시 설명하고 있다.

한자는 그래서 발음이 있는 문자이다. 한글이나 영어 같은 표음문자와 다른 점은 발음부호가 많다는 점이다. 부호는 다르지만 동일한 발음이 많으니 동음이의어가 많다. 그래서 중국인들은 이 혼동을 피하기 위해 고저장단의 발음의 미세한 차이로 의미를 구분하는 '성조'聲調라는 것이 필수적이었을 것이다. 현대 중국어는 더욱 의미의 혼동을 피하기 위해 대부분의 단어는 글자가 하나가 아닌 두 개의 결합으로 이루어진다. 동음이의어는 기본적으로 성조로 구분하고, 의미가 유사한 글자 두 개를 결합시켜 하나의 단어를 만들어 동음에 따른 의미의 혼동을 최대한 피하려 한 결과라 할 수 있다.

이 의미와 발음을 동시에 갖으며, 나눠지거나 쪼개지지 않는 모양의 글자가 독체자이다. 이 독체자는 우리가 흔히 말하는 文字문자의 '文'에 해당한다. 즉, 文字는 文과 字의 결합이다.

文字	=	[文	+	字]
		독체자		합체자

2. 합체자

고대 중국인들은 文문과 字자를 별도의 개념으로 보았었다. 文은 1차적인 글자라 할 수 있다. 文의 갑골문甲骨文  과 금문金文

 자형은 모두 사람의 가삼 부위에 무언가 상징적인 것을 그린 모양이다. 그래서 文의 본의는 '무늬, 문신 장식'이다. '글자'라는 의미는 이 본의로부터 연변된 것이라 할 수 있다.

한편, 이 독체자 즉 文들이 두 개 이상 결합한 글자는 합체자合體字라 한다. 1차적인 文들이 결합하여 字를 만들어 냈기에 2차적인 글자라 할 수 있다.

예를 들면 文字문자의 字이다. 이 글자는 宀(집 면) + 子(자식 자)의 독체자 두 개가 결합한 구조로서 각각 '집'과 '자식'의 의미가 결합하여 합체자가 되었으며, '자식을 낳다, 새끼를 가지다'라는 의미가 본의이다. 그래서 이 字라는 글자는 孳부지런할 자(①부지런하다 ②불다 ③우거지다 ④낳다 ⑤새끼를 가지다)[2]라는 의미의 글자와 유사한 의미를 가진다.

字의 갑골문은 없다. 상대商代에는 字라는 글자가 아직 만들어지지 않았을 것이라는 견해가 일반적이다. 아직 발견되지 않았다고도 할 수 있지만 그럴 가능성은 희박하다. 字의 금문은 이다. 현대적으로 옮기면 의 모양이다. 집 안에 자식이 있어서 무언가가 '불어나다'라는 의미를 나타내고 있다. 그래서 독체자가 결합하여 새로운 의미의 글자를 만들어 낸다는 합체자의 의미가 이 字라는 글자에 있다.

이 합체자는 구체적으로 분석하면 독체자의 [의미×발음]+[의미×발음]의 구조라 할 수 있다. 그래서 발음과 의미를 분업의 구조로 동시에 나타내고 있다. 위에서 예로 든 字의 경우 宀(집 면)은 의미를, 子(자식 자)는 의미와 발음을 나타내고 있다. [宀의 의미]+[子의 의미×발음]의 구조이다. '집'과 '자식'의 의미가 중복되어 '불어나다'라는 의미를 만들어 냈으며, 이것이 합체자의 구조이다. 결과적으로 합체자는 독체자

2 孳 역시 뜻을 나타내는 子(어린 아이 자)와 뜻과 음을 동시에 나타내는 玆(무성할 자)가 합하여 이루어진 합체자이다.

단독으로 [의미×발음]의 multiple하지만 혼자 감내하기에 힘든 역할을 두 독체자가 분업하여 담당하는 것이라 할 수 있다. 그래서 만들어지는 한자는 회의자와 형성자이다. 회의자는 [의미]+[의미]의 구조이며, 형성자는 일반적으로 [의미]+[발음]의 구조이다.

앞에서 독체자의 예로 牛를 들었는데, 이 독체자가 다른 독체자와 만나 字를 이루는 예를 더 들면 다음과 같다.

牢(우리 뢰)는 宀(집 면)과 牛(소 우)가 합쳐져서 '소를 넣어두는 건물'이라는 뜻이 되었으며, '죄인을 가두어 두는 곳'이라는 뜻까지 갖게 되었다. [의미]+[의미]의 회의자이다.

牧(칠 목)도 牛(소 우)와 攵(칠 복)이 합하여 '손에 막대기를 들고 소[牛]를 친다[攵]'는 뜻을 만들었으며, 나아가 '백성을 다스리는 지방의 장관도 牧(칠 목)'이라 부르게 되었다. 역시 [의미]+[의미]의 회의자이다.

物(만물 물)자는 牛(소 우)와 勿(말 물)이 결합한 모습인데, 그 의미는 '물건'이나 '사물'로서 牛(소 우)와는 관련이 없어 보인다. 勿은 칼로 과일 껍질 같은 쓸모없는 것을 깎아내는 모습이라 추정[3]하며, 그래서 '필요하지 않다'의 의미가 있으며, 나아가 '무언가를 하지 마라'의 뜻까지 갖게 되었다. 그러나 物에서 勿의 '하지 마라'라는 의미는 없다. 단순히 발음의 역할만을 하고 있을 뿐이다. 고대에는 다양한 색이 뒤섞여있던 '얼룩소'를 物이라 했었다. 점차 후에 가축의 종류나 등급과 관계된 뜻으로 쓰이게 되었고, 그것이 현재 '사물, 제품, 만물'이라는 의미로 쓰이고 있다. 결과적으로 物은 [의미]+[발음]의 형성자이다.

이때 우리는 牛를 부수部首라 부른다. 牛의 오른쪽에 다른 독체자가 오면 牛가 牜 모양으로 바뀐다.

3 혹은 깃발이 나부끼는 모양, '키' 같은 도구로 곡식을 까불러 쭉정이나 티끌을 골라내는 모양으로 추정하기도 한다. 고대 자형에 대한 해석이나 분석은 의견이 단정적일 수 없는 것들이 많다.

3. 象形과 形聲

허신許愼(30?~124?)은 그의 평생의 역작 『설문해자』說文解字에서 문과 자를 다음과 같이 정의했다.

> **倉頡之初作書**창힐지초작서, **蓋依類象形**개의류상형, **故謂之文**고위지문; **其後形聲相益**기후형성상익, **即謂之字**즉위지자. **文者**문자, **物象之本**물상지본, **字者**자자, **言孳乳而浸多也**언자유이침다야. (창힐이 처음 글자를 만들었는데, 대개 부류에 의거하여 모양을 본떴기에, 이것을 문이라 한다. 나중에 형과 성이 서로 도우니 그것을 자라 부른다. 문이라는 것은 만물형상의 근본이며, 자라는 것은 젖을 먹여 기르듯이 점차 많아지는 것을 말한다.)

허신은 文을 依類象形의류상형, 字를 形聲相益형성상익이라 정의했다. '依類象形'의 '類'는 허신이 육서六書를 설명하면서 일관되게 나오는 글자이다.[4] 그 의미를 필자는 종류 내지는 부류라 설명하고자 한다. 흩어져 있는 여러 사물들을 정리하여 구분하고자 할 때 가장 좋은 방법은 각각의 특징에 따라 그룹핑grouping하는 것이다. 그 결과 분류된 것은 하나의 종류이자 부류이다. 허신이 말한 依類의류는 어느 사물이 속한 부류 즉, 그 특징에 의거한다는 뜻이다. 이 특징은 그 종류의 전형적典型的인 model이자 sample이라 할 수 있다.

4 四曰會意, 比類合誼, 以見指撝와 五曰轉注, 建類一首, 同意相受에 보인다.

이 '類'류에 기반하여 象形상형을 하게 된다. 다시 말하면 상형은 '類' 즉, 어느 사물의 형상[形]을 관찰한 후 그 특징을 포착하여 그려내는[象] 것이라 할 수 있다.

이것이 독체자로서의 文문이다. 육서에서 주로 象形字상형자에 해당하며, 指事字지사자도 이에 해당한다.

이 독체자는 그 수가 많기가 어렵다. 눈에 보이는 대상을 그려내는

데에는 한계가 있기 때문이다. 그러나 그 수가 비록 많지 않더라도 그 힘은 막강하다. 이른바 Factorial처럼 불어날 수 있기 때문이다. 이에 대해서는 다음 절의 「2. 육서六書는 알파벳이다.」에서 자세히 설명하겠다.

이어서 形聲相益형성상익은 독체자가 글자 하나에 형부와 성부를 동시에 갖는 성질을 글자 두 개가 각각 형부와 성부의 기능을 독립적으로 수행한다는 의미이다. 그래서 形符형부와 聲符성부가 서로 도와 [相益] 글자를 만들어낸다는 의미이다.

이것이 합체자로서의 字자이다. 육서에서 會意字회의자와 形聲字형성자에 해당한다. 글자 두 개가 형부로서만 결합하면 회의자에 해당하며, 글자 두 개가 각각 형부와 성부로서 결합하면 형성자에 해당한다. 이에 대해서는 「제3절 육서六書 풀이」의 3)회의와 4)형성에서 자세히 설명하겠다.

제2절 육서六書와 한자

1. 한자는 표음表音 + 표의表意의 단어單語문자이다.

문자는 세 개의 요소로 이루어진다. 형체, 발음, 의미가 그것이다.

일단 손으로 써서 눈으로 볼 수 있어야 하니 '형체'는 다른 무엇보다 먼저 갖추어져야 한다. 그리고 그 형체를 읽을 수 있는 '발음'과 그것이 나타내는 '의미'가 갖추어지면 비로소 문자로서 존재하게 된다.

그러나 사실 '형체'보다 앞서 존재했던 것이 있으니, 바로 '발음'이다. 문자의 '형체'란 '발음'을 담는 그릇에 불과하다 할 수 있다. 인류는 무언가 '의미'있는 '발음'을 했을 것이고, 그 소리를 저장하고 전달하기 위해선 형체가 있는 '글자'가 필요했다. 결과적으로 가장 늦게 만들어진 것이 글자인 '형체'이다.

사람들은 인류의 문자를 표음문자와 표의문자로 구분한다. 흔히들 말하는 표음문자와 표의문자는 형체를 제외한 '발음'과 '의미' 두 가지 가운데 어느 것을 중시하느냐에 따라 나눈 구분이다. 결코 100% 완전한 표음문자나 표의문자는 존재할 수 없다.

그렇다면 한자는 표음문자인가, 표의문자인가?

한자라고 해서 발음 부호가 없는 문자는 결코 아니다. 단독의 상형자는 그 자체로 의미를 나타내는 그림이지만, 그 상형의 모양은 사실 발음을 담는 부호로서 만들어진 것이다. 문자라는 것을 만들었을 고대의 사람들은 소나 말, 그리고 사람을 그려놓고 그것을 /소/ /말/ /사람/이라 불렀으니 그 그림은 이미 발음부호이다. 그런데 한자는 이 발음부호를 영어나 한글처럼 추상적 부호가 아닌 구상적 그림으로 만들었다.

그래서 이 그림이 곧 발음 부호이며, 눈에 보이는 것을 그대로 그림으로 옮겨 놓았으니, 동시에 의미를 나타내는 부호인 것이다.

의미와 발음의 관계, 학술적으로 말하자면 이는 시니피에와 시니피앙의 관계이다. 구조주의 언어학의 창시자인 스위스의 소쉬르(Ferdinand De Saussure, 1857~1913)가 정의한 이 개념은 곧 말의 '형식'[시니피앙 signifiant]과 말의 '내용'[시니피에 signifié][1]에 대한 이야기이다. 쉽게 표현하면 말은 '소리'와, 그 소리를 통해 표시되는 '뜻'으로 성립되는데, 이때 '소리'가 시니피앙이고 '뜻'이 시니피에이다.

이때 시니피앙, 즉 음성적 기호는 자의적恣意的(=제멋대로)이다. 즉, 어떤 대상 혹은 사물의 발음이 무엇이건 그것은 필연적이 아니라는 것이다. 예를 들어 [사람] 혹은 [人]이라는 시니피에[뜻/내용]의 시니피앙[소리/형식]은 공식적이고 규칙적인 어떤 하나로 정해져 있지 않고 제멋대로(=恣意的) 다양하다. 예를 들어 우리말의 /sa:ram/[사람], 중국어의 /ren/[人], 일본어의 /hito/[ひと, 人], 심지어 영어의 /ˈpɜ:rsn/[person], 프랑스어의 /pɛʀsɔn/[personne], 독일어의 /pɛrzó:n/[Person] 등과 같다.

그런데 한자는 상형문자이다. 상형문자인 한자는 시니피앙과 시니피에의 결합인 한 개의 '단어'로 우리 눈앞에 존재한다.

1 시니피앙과 시니피에는 모두 프랑스어이다. 시니피앙은 기표(記標)라고도 하며, 시니피에는 기의(記意)라고도 한다.
한편, 소쉬르에 의해 도입된 개념으로서, 랑그(langue)와 파롤(parole)이 있다.
'랑그'는 쉽게 말해 '추상적인 언어체계'라 할 수 있다. 우리가 말을 하고 글을 쓸 수 있는 것은 우리의 머릿속에 어떤 언어에 대한 체계가 잡혀있기 때문이다. 이 언어체계가 완전히 체화되면 비로소 우리는 그 언어를 자유자재로 구사할 수 있다.
반면 '파롤'은 구체적인 발화와 관련되어 있다. 사람들과 실제 대화를 할 때 우리는 입 밖으로 소리 내어 말을 한다. 감정 상태에 따라 같은 말이라도 말의 억양과 소리의 고저가 달라지기도 한다. 또 그 와중에 말실수도 하고 말을 더듬기도 한다. 이러한 구체적 발화를 망라하여 파롤이라고 한다.
한 번 들어보면 "아~ 이 노래"라고 할 프랑스의 배우 알랭들롱(Alain Delon)이 가수 달리다(Dalida)와 함께 부른 샹송 'Paroles Paroles'는 '부드러운 속삭임' 정도로 번역되는데, Parole은 '말, 발언, 말투'라는 뜻이며, 복수의 Paroles는 '노랫말'이라는 뜻이다. 소쉬르의 파롤과 같다.

즉, 시니피앙과 시니피에가 표음문자라면 이 둘은 자의적으로 소리와 의미가 분리되어 우리 앞에 존재하지만, 상형문자는 표음문자와 달리 소리와 의미가 분리되지 않고 자웅동체雌雄同體처럼 하나로 결합되어 우리 앞에 버젓이 그 모습을 보이고 있다.

예를 들면 '人'이라는 한자는 '인/rén/じん'과 같은 한중일의 발음이 있으면서 동시에 '사람'이라는 의미가 하나로 결합된 부호인 것과 같다.

人 = [시니피앙 (인/rén/じん) × 시니피에 (사람)]

이처럼 한자가 시니피앙과 시니피에가 하나로 결합되어 있다는 것은 한자는 하나의 의미부호가 곧 하나의 발음부호라는 것이다. 얼핏 이해가 잘 안될 수 있지만, 이 말은 한자는 수천수만 개의 발음부호를 갖고 있는 문자라는 말이다.

하지만 이렇게 수많은 발음부호로를 갖은 채 문자가 존재할 수는 없다. 그래서 한자는 발음과 의미가 하나로 결합된 (육서六書 가운데) 수백 개의 상형자가 그 역할을 한다. 이 상형자들이 형성形聲이라는 방식으로 구현되어 의미와 발음을 나타내고 있는 것이다. 자웅동체의 DNA는 상형자이다.

한자의 발음이 몇 개인가라는 질문은 현재 약 5만개가 넘는 한자 가운데 상형자가 몇 개라는 질문과 같다. 즉, 다른 부호와 결합하지 않은 순수한 단독 부호로서의 상형자 개수를 산출해 내야 한다. 이때 상형자란 '객관적 사물의 형상을 사실적으로 써낸' 묘사描寫가 아닌 '객

이 랑그와 파롤을 시니피에와 시니피앙과 비교하면, 우선 시니피에와 시니피앙은 랑그에 속한 개념이다. 랑그와 파롤이 구분되고, 그 중 랑그 안에 시니피에와 시니피앙 개념이 속한다고 보면 크게 틀리지 않다. 일반언어학에서 시니피앙은 / /으로 시니피에는 [ ]으로 표기한다.
볼 때 마다 헷갈리는 이 용어들을 장황히 설명할 수 밖에 없어서 독자들에게 미안합니다.

관적 사물을 회화적, 추상적으로 그려낸' 묘화描畫를 한 부호이다.

그런데 그려낼 수 있는, 즉 묘화할 수 있는 부호는 극히 제한적이며, 개수가 많을 수 없다. 또한 객관사물이라는 것도, 그려내기 어려운 복잡한 사물, 서로 구별하기 어려운 비슷한 사물, 그려낼 수 있는 형체가 없는 추상적인 사물 등 천차만별이다.

그래서 상형자는 춘추전국시기의 고대 자형인 대전大篆 이후로 한자 전체에서 차지하는 비중이 결코 높지 않다. 실제로 한대漢代에 출간된 자전인 『설문해자』(說文解字, 許愼, 100년)에 수록된 총 9353자를 대상으로 상형자의 개수를 분석한 청대의 『문자몽구』(文字蒙求, 王筠, 1838년)[2]에서는 264개(9353자의 2.82%), 『설문통훈정성』(說文通訓定聲, 朱駿聲, 1850년)[3]에서는 364개(9353자의 3.89%)로 그 개수를 추려냈다.[4]

하나의 자전 『설문해자』를 두고 분석한 결과가 다른 이유는 앞에서도 말했듯이 상형자에 대한 기준이 다르기 때문이며, 엄격히 상형자로 분류하기가 쉽지 않다는 반증이기도 하다. 한편, 『설문해자』 이후 상형자가 새롭게 만들어지긴 하였으나, 많지 않다. 다행이다.

한편, 발음이 들어있지 않은 조자방법이 있는데, 곧 회의자이다. 상형자와 형성자는 어쨌든 발음을 갖고 있으나, 의미와 의미만의 결합으로 이루어진 회의자는 발음을 잃어버린 것이다. 발음을 잃어버렸기에 형음의가 전제조건인 문자로서는 실패하였으나, 의미들의 결합이라는 측면이 있기에 절반의 성공이다. 그래서 한자는 완전한 표음문자라 하기는 적절하지 않다.

다시 표음문자의 이야기로 돌아와서, 어떤 문자가 시니피에와 관련이 없이 오직 시니피앙만을 표기하는 것이 표음문자이다.

2 **『문자몽구』**: 청대 왕균이 아동의 식자 교육을 위해 편찬한 서적이다. 『설문해자』에서 2044개의 상용자를 선별하여, 상형 · 지사 · 회의 · 형성에 따라 분권 배열 한 후, 통속적인 해석을 하였다.

3 **『설문통훈정성』**: 청대 주준성이 『설문해자』를 고대 운부(部编)에 따라 개편한 서적이다. 즉, 형성자의 성부(語頭子音=Initial)를 기준으로 배열하고 동시에 고운(古韻) 18부에 귀속되게 하였다. 해석은 『설문해자』의 해석을 한 후, 여러 서적에서 그 증거를 제시하였다. 서명의 '설문'은 글자의 인신의(引伸義) 및 가차의(假借義)를 의미하며, '통훈'은 상고시기 운문에서 운을 어떻게 사용하였는가로 고음(古音)을 증명한다는 의미이다. '정성'은 동운으로 압운을 한 것은 고운(古韻)이라 하고, 이웃한 운으로 압운을 한 것은 전음(轉音)이라 하여 글자의 음(字音)을 명확하게 밝혔다는 의미이다. 이 '설문, 통훈, 정성' 가운데 통훈이 가장 중요한데, 글자 의미의 발전과 연변을 연구하는 데 큰 도움이 된다.

4 이상의 내용은 『汉字结构研究』(刘靖年, 吉林大学, 박사학위논문, 2011)의 27쪽을 참조하였음.

이때 '중국어는 단음절어單音節語이다'라는 말을 무심히 간과해서는 안 된다. 단음절어라는 의미는 하나의 단어, 즉 의미와 발음을 갖고 있는 개체가 1 syllable(음절)로 이루어져 있다는 것이다. 예를 들어 國국은 /guo/로서 1음절이자 [나라]라는 의미를 갖고 있으며, 家가도 /jia/로서 역시 1음절이자 [집]이라는 의미를 갖고 있다. 물론 현재는 國국은 國家국가로, 家가는 家庭가정의 2음절로 변했지만, 고대에는 그렇지 않았다. 대부분의 단어가 國국과 家가처럼 하나의 음절로 이루어져 있었다.

한자 한 글자가 한 음절로 이루어져 있다는 말은 곧 한 개의 한자 國국이 /guk-ka/ 혹은 /guo-jia/처럼 두 개의 음절이 아니라는 의미이며, 이는 한자가 순수한 표음문자로 존재하지 않는 이유와 같다.

그래서 한자는 순수한, 의미를 나타내지 않는 발음만으로 이루어진 완벽한 표음문자라고 할 수 없다. 동시에 한자가 발음은 배제한 채 의미만을 나타내는 절대적인 그림문자도 아니기에 오롯한 표의문자라 할 수도 없다.

한자는 그래서 단어單語문자이다. 즉, 하나의 단어가 하나의 발음을 가짐과 동시에 개별적인 의미를 갖고 있는 것이다.

그렇다고 발음이 한자의 개수처럼 수 만 개도 아니기에 동음이의어同音異義語가 대단히 많다. 이러한 의미 전달의 혼란을 최소화하기 위해 한자, 중국어는 고저장단으로 의미를 변별하는 성조聲調가 고대부터 필연적으로 존재할 수밖에 없었을 것이다. 중국어가 배우기 어려운 이유를 찾는다면 이것도 여러 가지 이유 중 하나이다.

또한 한자는 영어처럼 옆으로 길게 늘어지는 문자가 아니다. 하나의 네모로 완성이 된다. 결국 한자는 발음과 의미, 의미와 발음이 한 개의 음절로 네모난 모양에 압축된 글자이다. 그래서 단어單語문자이며, 단어를 나타내는 표어表語문자라 할 수 있다. 표음表音이나 표의表意가 아닌 표어문자!

앞에서, 人=[시니피앙(인/rén/じん)×시니피에(사람)]이라고 하였듯이 한자는 다음과 같다.

한자 人	=	[	**발음** 시니피앙 (인/rén/じん)	×	**의미** 시니피에 (사람)	]

2. 육서六書는 알파벳이다.

한자가 발음을 나타내는 기능을 갖고 있다면 그것은 무엇인가? 한자의 구조를 분석해야 한다. 곧 육서이다.

일반적으로 육서를 언급하는 것은 한자의 구조를 분석하고 나아가 한자의 조립 방법을 이해하기 위해서이다. 즉, 아무리 한자의 개수가 많다하더라도 결국 한자는 상형象形, 지사指事, 회의會意, 형성形聲, 轉注전주, 가차假借의 여섯 가지로 이루어져 있다는 말과 같다.

그러나 본 저서는 육서를 다른 측면으로 보고자 한다.

육서는 다름 아닌 알파벳이다!

알파벳은 적은 수의 기호로 여러 발음을 표기하는 문자 체계다. 그렇다면 상형문자로 인식하고 있는 한자나 이집트의 문자는 그림문자가 알파벳이라는 이야기가 된다. 사실 전문가들, 그러니까 고대의 문자와 상형문자를 연구하는 전문가들도 그림문자는 알파벳과 관련이 없다고 생각하였다.

그러나 상형문자는, 다시 말해 상형문자를 분석하는 육서라는 원리를 자세히 들여다보면 한자는 기호, 음절, 철자를 모두 포함하고 있다. 즉, 상형문자도 알파벳이다.

상형, 지사, 회의, 형성, 전주, 가차로 이루어져 있는 육서 가운데 상형은 앞에서도 언급하였듯이 가장 기초적인 의미 기호이자 동시에 역시 가장 근간이 되는 발음 기호이다.

江의 금문

江[5]강은 '물[氵=水]'과 어떤 물건을 만드는 '도구[工]'로 이루어져 있는데, 이때 '水'수와 '工'공은 각각 '흐르는 물의 모양' 과 '기술자가 들고 다니는 공구의 모양' 을 본뜬 글자이다.

결국 江강은 '水'수와 '工'공이라는 두 개의 상형자로 이루어져 있는데, 이때 이 두 개의 상형자는 우선 두 개의 의미를 담당한다. 즉, '물'과 '도구'라는 의미가 결합이다.

한 줄기 강물은 '산과 언덕을 침식하고 다시 퇴적하여 농토를 만드는', 그래서 강에 대한 고대인의 인식을 엿볼 수 있게 한다. 여기까지 보면 '江'강은 '물'과 '도구'라는 상형자의 의미가 결합된 회의자이다. 즉, 상형자는 본래 그림을 그려 표현했듯이 눈에 보이는 그 의미를 반영하고 있는 것이다.

그러나 이때 '工'공은 '江'강의 발음까지 담당하고 있다. '江'강을 읽을 때 고대인들은 '工'공과 유사하거나 같은 발음으로 읽었을 것이다.[6] 이렇게 보면 '江'강은 의미와 발음이 결합된 형성자이다.

5 **江** : 이때 江은 중국인들은 長江이라고 부르는 揚子江이다. 전체 길이가 6300km에 달해 중국에서 가장 길다. 그 이름도 장강이다.
"장강은 천하제일의 강, 장강을 지배하는 자 천하를 지배한다."고 전해진다. 이 장강은 천하의 험지로 불리는 세 개의 협곡(=삼협三峽)을 안고 있는데, 현재는 댐이 건설되어 대부분 잠겼다.
그럼에도 사람들은 여전히 유람선을 타고 관광한다.

* 한편, 장강은 남미의 아마존강(6992km), 아프리카에서 지중해로 흐르는 나일강(6853km)에 이어 세계에서 세 번째로 긴 강이다.

6 **工의 발음** : 이에 대해서는 고대의 발음을 연구하는 上古음운학의 성과가 필요하며, 본 저서의 내용은 이에 기반하고 있다.

두 개의 상형자 '水'수와 '工'공은 의미의 결합인 회의자이면서, 동시에 '工'공은 발음까지 겸하여 담당하고 있으니 형성자이다. 결국 '江'강은 [상형+상형]이면서 의미라는 측면으로 보면 회의자이나, 발음까지 나타내고 있으니 형성자이다. 그런데 '工'공은 의미와 발음을 동시에 나타내고 있으니, 결과적으로 [회의+형성]의 구조이다. 이런 글자를 특별히 회의겸형성자라고 한다. 도표화하면 다음과 같다.

江 = [水 (의미) + 工 (의미+발음)]

결국, 상형자는 의미뿐만 아니라 발음까지 담당하고 있는 부호라고 할 수 있다.

河하도 마찬가지다. '물[氵=水]'과 '쟁기 같은 농기구 와 입 이 결합된 모양[可=]'으로 이루어져 있다. 즉, 홍수로 인해 하천이 범람하였으나, 물이 빠져나간 자리에 황토가 남아 옥토가 된 황하의 모양을 그린 상형자이다.

河의 갑골문

河하도 江강처럼 회의겸형성자이다. 다만, 河는 그 발음이 '하'인데, 성부를 담당하고 있는 可의 발음이 '가'이다. 발음이 변한 까닭이다. 다만, /g, k, h/ 즉, /ㄱ, ㅋ, ㅎ/는 모두 설근음이어서 발음의 이동과 변화가 쉽다는 점을 십분 고려하면 /가/와 /하/의 발음의 다름은 결국 같은 발음으로 간주할 수 있다. 우리가 쓰는 한자음과 중국어의 발음을 비교하면, 可가=kě, 河하=hé로서 /g, k, h/의 세 개의 음이 모두 들어있지 않는가!

이처럼 한 개의 한자는 네모난 형체[形] 안에 발음[音]과 의미[意]를 모두 담고 있는 글자다. 이를 1자字 1음音 1사詞라고 한다. 즉, 한 글자 안에 하나의 음절(Syllable)만 있으며, 이것이 곧 한 개의 단어[=詞]이다.

그래서 한자 한 개 한 개는 하나의 알파벳처럼 작용할 수 있다. 그런데 모든 한자가 그러하다면 한자는 5만개가 넘는 알파벳이 존재해야 한다. 하지만 영리하게도 육서의 상형자가 그 역할을 담당하고 있다. 개수는 앞에서도 말했듯이 264개 내지 364개이다.

이 상형의 알파벳은 다른 상형과 결합하여 수많은 글자들을 만들어 낼 수 있다. 즉, 상형자를 264개의 알파벳으로 간주할 경우 264!(팩토리얼)[7]이니, 계산기는 264!=1.8185383189392887735313195211174e+526이라는 그 수치를 짐작할 수 없는 이상한 숫자를 보여줄 뿐이다.

그러나 한자는 알파벳 한 개가 나머지 전부의 알파벳과 결합하지 않는다. 즉, 264개 중의 하나가 나머지 263개와 결합하지 않고, 많아야 네 번 결합한다.

이들의 결합은 ⿰ ⿱ ⿲ ⿳ ⿴ ⿵ ⿶ ⿷ ⿸ ⿹ ⿺ ⿻ 등[8] 여러 방식과 용 네 마리가 겹쳐진 𪚥(말 많을 절, 부수 龍, 총 64획)처럼 좌우상하로 겹쳐진 글자가 있긴 하다. 그러나 이 모든 결합의 경우의 수는 좌우결합의 ⿰ = 信믿을 신, 상하결합의 ⿱ = 宇집 우, 좌중우결합의 ⿲ = 儲쌓을 저, 상중하결합의 ⿳ = 密빽빽할 밀의 네 가지 정도이며, 글자 수는 두 개 혹은 세 개가 결합하는 정도이다.

즉, 알파벳이 세 개 결합하는 경우 264×263×262=1610,8224개가 가능하다. 하지만 실제 한자는 그것의 0.31%에 불과한 5만개 정도이니 얼마나 다행인가! 정말로 다행인가?

이것이 한자와 육서, 그리고 표어문자와 알파벳의 관계이다.

7 **팩토리알**(factorial) : 1808년에 프랑스의 크람프가 처음 생각해 냈으며, '수를 단계적으로 곱한다.'는 뜻으로, 계승階乘이라고도 한다. 1부터 어떤 양의 정수 n까지의 정수를 모두 곱한 것을 말하며 n!로 나타낸다.
3!=1×2×3=6
5!=1×2×3×4×5=120
7!=5040
8!=4,0320이다.
264!=1.8185383189392887735313195211174e+526 (공학용 계산기 계산 결과)

8 **유니코드**(Unicode) : 전 세계의 모든 문자를 컴퓨터에서 일관되게 표현하고 다룰 수 있도록 설계된 산업 표준인 유니코드는 이를 Ideographic Description Characters in Unicode(유니코드의 표의기호 묘사)로 지정해 놓았다. 다음과 같다.
⿰ U+2FF0 left to right
⿱ U+2FF1 above to below
⿲ U+2FF2 left to middle and right
⿳ U+2FF3 above to middle and below
⿴ U+2FF4 full surround
⿵ U+2FF5 surround from above
⿶ U+2FF6 surround from below
⿷ U+2FF7 surround from left
⿸ U+2FF8 surround from upper left
⿹ U+2FF9 surround from upper right
⿺ U+2FFA surround from lower left
⿻ U+2FFB overlaid

제3절 육서六書 풀이

1. 육서六書의 시작과 순서

육서라는 용어는 허신의 『설문해자』가 처음이 아니다.

그 최초는 전국戰國시기의 전적典籍이면서 특히 당시 모든 국가의 정통으로 여겨지던 주나라의 예법을 기록한 『주례』周禮에 보인다. 당시 국가의 교육을 관장하던 보씨保氏가 학생들을 가르치는 도리를 열거하면서 여섯 가지를 언급하였는데,[1] 그 가운데 하나가 육서六書이다. 즉, 육서는 당시 국가에서 관장하던 학교의 어린 학생들을 대상으로 한 커리큘럼 가운데 하나로 보면 된다.

인사 잘하고, 클래식 좀 알고, 활쏘기와 말타기를 잘 하며, 글 좀 읽을 줄 알고 수학을 잘 하는 것이 당시 귀족 자제들의 덕목이었다. 즉, 교양을 갖추고, 전쟁에 언제든 나갈 수 있는 체력과, 사회를 이해하는 글 읽기 · 쓰기 그리고 자연을 이해하는 과학을 아는 것이 중요했던 것이다. 말은 좋지만, 당시 애들도 많이 피곤했겠다싶다.

어쨌든 우리는 육서만 이야기하자.

육서의 여섯 가지도 학자들에 따라 달랐다. 동한 시기 당시 학계를 주름잡던 세 명의 학자들[2]이 제시한 육서의 종류와 그 순서를 보면 다음과 같다.

1 원문은 다음과 같다. "保氏掌諫王惡, 而養國子以道, 乃教之六藝 : 一曰五禮(예법), 二曰六樂(음악), 三曰五射(활쏘기), 四曰五馭(말타기), 五曰六書(문자), 六曰九數(수학)."

2 **班固**(32~92) : 東漢시기의 역사학자로서 『漢書』의 저자이다.
鄭衆(?~83) : 東漢시기의 경학자로서 『春秋左傳』을 주로 연구하여 『春秋難記條例』와 『春秋刪』 등의 저서가 있다.
許愼(30?~124?), 동한시기의 경학자, 문자학자, 언어학자로서 중국 문자학의 개척자라 할 수 있다. '五經無雙許叔重(오경에 있어서 허숙중을 능가할 사람은 없다)'라는 칭찬을 들었는데, 叔重은 그의 字이다. 『說文解字』 (100년)의 저서를 남겼다.

학자	육서의 종류와 순서(숫자는 순서를 의미함)					
반고班固	1.象形	2.象事	3.象意	4.象聲	5.轉注	6.假借
정중鄭衆	1.象形	4.處事	2.會意	6.諧聲	3.轉注	5.假借
허신許愼	2.象形	1.指事	4.會意	3.形聲	5.轉注	6.假借

우선, 세 학자들 모두 여섯 가지를 제시하였다. 6이 한자의 구조를 파악하는 디폴트default 숫자는 아니지만, 모두 '6서'로서 일치한다. 여섯 가지 이외의 다른 요소는 찾을 수 없었다는 의미이다.

하지만 그 순서는 다르다. 반고의 1번은 상형인데, 허신의 1번은 지사이다. 위의 표에서 순서를 무시하고 섞어 놓은 이유는 그 의미가 유사하기 때문이다. 즉, 표의 세로 두 번째는 2.象事상사 4.處事처사 1.指事지사인데, 명칭만 다를 뿐 그 의미는 차이가 없다. 다만, 허신을 제외한 반고와 정중은 이들 용어에 대한 설명을 하지 않았다. 그저 명칭만 제시하였을 뿐이다.

현재 우리는 명칭에 대한 설명은 없을 지라도 그 의미가 유사하다고 판단하는데, 그 근거는 세 명의 학자 중 가장 후세에 살았던 허신이 위 두 학자의 견해를 근거로 육서를 제시하였을 가능성이 높고, 허신이 이 육서의 명칭에 대해 설명을 하고 예자例字를 들었기 때문이다.

이제 우리는 허신의 육서를 면밀히 살펴볼 순서가 되었다. 한 가지 먼저 말할 게 있는데, 육서의 의미는 육서의 명칭에 이미 담겨져 있다는 것이다.

2. 육서 해석

허신은 육서를 정의하고 해당하는 글자로써 예를 들었는데, 그 순서가 앞에서도 말했지만 지사, 상형, 형성, 회의, 전주, 가차의 순이다. 그러나 이 순서는 허신이 당시에 유행하였던 철학이자 학문이었던 음양오행陰陽五行에 의거한 순서이다. 당시의 음양오행 사상은 왕궁의 조성이나 일반 건축 그리고 식생활과 의복에까지 생활 문화 전반에 넓게 퍼져있었다. 특히 조화와 통일을 중요시하기 때문에, 한자에 우리의 원리를 담고자 했던 허신은 이 학설을 채택했을 것이다. 그러나 학문적인 관점의 문자학과는 차이가 있다.

이에 본 저술은 문자, 한자가 발생하는 일반적인 순서라 할 수 있는 상형, 지사, 회의, 형성, 전주, 가차의 순으로 설명을 하겠다. 왜 이 순서가 문자학적인 순서인지는 다음 내용을 따라가면 이해할 수 있다.

1) 象形상형

二曰象形, 象形者, 畵成其物화성기물, 隨體詰詘수체힐굴, 日月是也.

둘째는 象形상형이다. 상형이란 어떤 사물을 그려내는데, 형체에 따라 (篆書전서처럼 ⇨ 전형화하기 위해) 구불구불하게 그리는 것으로서, '日일과 月월'이 그것이다.

상형을 쉽게 풀이하면 '형체, 모양'=[形]을 '본뜬다, 그린다'[=象][3]이다. 그래서 상형의 대상은 눈에 보이는 사물이다. 지사指事처럼 눈에 보이지 않는 대상을 그려낸 것과 다르다. 이렇게 형체와 모양을 그려 제삼자에게 보여주면, 제삼자는 그것이 무엇인지를 안다.

3 **象** : 네이버 한자사전에 의하면, 象의 의미는 우리가 일반적으로 알고 있는 ① 코끼리의 뜻 이외에 ②꼴, 모양, 형상(形象 · 形像) …… ⑯상징하다 ⑰유추하다 ⑱본뜨다, 그리다 ⑲표현하다의 뜻이 있다.
본문에서 말하는 象形의 象은 ⑱의 '본뜨다, 그리다'이다.

隨體詰詘수체힐굴이 바로 이 의미이다. 직역하면 '형체에 따라[隨體] 구불구불하게[詰詘]'이다. '힐굴'詰詘은 '굴곡'屈曲 혹은 '굴절'屈折과 유사한 말로서 '구불구불한' 모양의 의태어이다. 소전체의 구불구불한 글자 모양을 표현한 것일까?

한자의 직선적 서체는 한대의 예서隸書에 이르러 확정된다. 그 전의 서체인 소전체까지의 한자는 직선화되기 이전의 구불구불한 모양이었다. 그래서 학자들은 이 수체힐굴隨體詰詘이 소전의 특징을 표현한 것이라 하였다.

그러나 필자는 다르게 생각한다.

한자는 상형으로부터 시작하였는데, 그것이 그림이 아닌 문자로 존재하기 위해서는 사진같이 사실적인 모양이 아닌 추상적이되, 그 본래의 모양을 잃지 않은 구상적인 모양이어야 한다.

사람을 나타내는 글자가 사람의 얼굴과 전신을 모두 다 그린 복잡하고 사실적인 모양이 아닌 人인인 것과 같다. 이 어려운 조건을 맞추기 위해서는 한자는 기나긴 시간과 수많은 사람들이 그려낸 모양들이 단순화되고 전형화典型化되는 과정을 거쳐야 했을 것이다. 한자의 모양은 결코 단숨에 그려낼 수 있는 존재가 아니다.

예를 들면 다음과 같다.

商 갑골문 

周 금문 

楚 전국 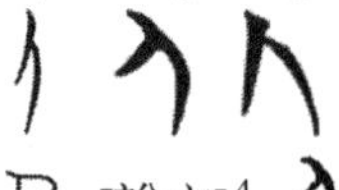

秦 소전  [說文][4]  [石鼓文]

現代 해서  [蘇軾]  [啟功]

4 **자형 출처** : 이 글자들은 대만의 小學堂(http://xiaoxue.iis.sinica.edu.tw)에서 발췌하였다.
① 說文 설문: 『설문해자』에서 사용한 서체
② 石鼓文 석고문 : 전국戰國 시대의 석각 문자로서, 돌로 만든 (=석고石鼓)에 새겨진 글씨와 그 서체
③ 蘇軾 소식 : 중국 북송北宋의 문신으로 호는 동파東坡, 즉 소동파. 당·송 8대가의 한 사람
④ 啟功 QǐGōng 치꽁(1912~2005) : 당대 중국 서예의 일인자

위 글자들은 사람 人인의 시기별 모양이다. 한결같이 사람의 앞모습이 아닌 옆모습을 그렸다. 그러나 그 모양이 조금씩 다르다.

옆모습이지만, 갑골문과 금문 모두 그 방향이 왼쪽과 오른쪽을 향하는 글자가 섞여있다. 금문의 첫 번째 자형인 은 배 부분이 볼록한데, 임신한 사람의 모습으로서 이는 나중에 '몸 身신'으로 바뀌었을 것이다. 금문의 과 은 일종의 장식적인 서체로서 쇠붙이에 글자를 새긴다는 것 자체가 대단히 권위적인 것이어서 글자 모양 또한 장식을 한 것이다.

인쇄체이자 표준적인 서체라 할 수 있는 해서체楷書體의 (王羲之 서체)에 이르기까지 이 글자를 쓰는 사람들은 그 기본 개념, 즉 사람의 옆모습으로 인간을 나타냈다. 이후의 자형도 마찬가지이다. 즉 전형典型이 있었기에 가능한 것이다.

예서[漢] [乙瑛碑][5] [唐 玄宗]

행서 [王羲之] [淸 康熙] [啟功]

초서 [毛澤東] [啟功]

'전형'이란 쉽게 말하면 일종의 아이콘icon이라 할 수 있다. 즉, 전형화는 대상이 되는 사물의 특성과 성질을 가장 객관적으로 형상화形象化하는 model, sample이자 pattern이다. 혹은 '발췌, 표준, 본보기, 요약, 대의'라고도 할 수 있다.

눈에 보이는 대상을 그리되, 그리는 주체는 손이 아니라 눈이다. 눈으로 그린 대상을 모두에게 다시 보여주는 것이다. 이것이 전형이며, 상형의 방법이다. 이것을 허신은 수체힐굴隨體詰詘이라 표현하였으며,

5 **자형 출처** : ① 乙瑛碑을영비 : 동한東漢시기의 비석이다. 한대의 예서가 성숙해진 시기의 소박하면서도 엄격한 예서로 글이 새겨져 있기에, 후대인들이 예서의 표본으로 삼는다.
② 唐玄宗당현종 : 양귀비를 사랑했던 당의 현종玄宗이다.
③ 王羲之왕희지 : 중국 동진東晉 시기의 서예가로서 서성書聖이라 칭해진다.
④ 淸청 康熙강희 : 만주족이었으나 중국 역사상 가장 위대한 황제로 손꼽히며 가장 긴 기간(1661~1722) 동안 재위하였고,『강희자전』의 편찬을 지시한 청의 황제.
⑤ 毛泽东Máo Zédōng 마오쩌둥 : 청나라 멸망 이후 분열과 혼란에 빠져 있던 중국의 혼란을 수습하고, 1949년 10월 1일 중화인민공화국의 건립을 선포한 지도자.

곧 수체힐굴의 진정한 의미라고 필자는 생각한다.

즉, '구불구불'하게 그린다는 표현은 눈에 보이는 대상을 사실 그대로가 아닌 '눈'으로 인식하고 그려낸 후, 그것을 다른 사람의 '눈'으로 보더라도 그것이 무엇을 그린 것인지를 알아볼 수 있게 한다는 의미이다.

사실, 畫成其物화성기물 즉, '사물의 형체[其物]가 드러나게 한다[畫成]'라는 것은 상형자 구성의 일반적인 방법이다. 그러나 하나의 문자부호로 소위 '상형'의 역할을 완벽히 수행해 낸다는 것은 당연히 한계가 있다. 다만, 상형자의 대부분이 隨體詰詘수체힐굴 즉, '그 뜻을 전형적이면서 표본적인 모습으로 표현'하는 것이 상형자가 만들어지는 방법이다. 쉽게 말하면, 표현하고자 하는 뜻을 '대략적으로', 그 대상의 특징만 구현해 내면 되는 것이다.

허신이 예자로 든 日일과 月월의 경우 수체힐굴隨體詰詘의 방법을 통하여 상형자로 그려낸 것이다. 이때!

이때, 제삼자는 그것이 무엇인지를 '말'[=소리]로 읽을 것이다. 그래서 상형자는 사실 발음기호의 기호적 구현이라 할 수 있다. 역으로 말하면 사물을 그린 사람은 이미 그 사물을 부르는 발음을 알고 사용하고 있었으며, 그것을 발음기호로 그린 것임에 다름 아니라고 할 수 있다.

예를 들어, 고대인들은 해와 달을 보아 왔을 것이고, 그것을 글자로 그렸다면 제삼자는 그것을 보고 이미 알고 있는 '일(해 혹은 날)'과 '월(달)'로 발음할 것이고,[6] 이때 '日'일과 '月'월은 '일'과 '해'의 발음부호인 것이다.

허신이 상형의 예로 든 日일과 月월 두 글자를 『설문해자』를 인용하여 설명한다.

6 **'날', '달'의 발음** : 물론 이 발음은 현대 한국인의 발음을 예시로 든 것이다. 고대시기, 즉 상고음에 대해서는 여러 학자들의 고증을 거쳐 추정음이 존재한다.
그 가운데 스웨덴의 언어학자로서 중국 상고음 연구의 시작을 연 高本漢(Bernhard Karlgren, 1889~1978)의 추정음과, 중국 남방인 浙江省 溫州 출신으로 중국 상고음 연구에 새로운 지평을 개척했다고 평가받은 鄭張尚芳(Zhèngzhāng Shàngfāng, 1933~2018)의 추정음을 소개한다.

	高本漢	鄭張尚芳
日	ŋi̯ět	njig
月	ŋi̯wăt	ŋod

ŋ : 軟口蓋鼻音으로서, 영어의 ng가 이 소리가 나는데, 한국어와 같이 어두에는 오지 않는다. 대신 한국어는 받침 ㅇ에서 이 소리가 난다.
ȵ : 齒莖口蓋鼻音으로서, 위 軟口蓋鼻音과 유사하되 齒莖에서 그 소리가 형성되므로 더 딱딱한 소리이다.

▷ 日 : 實也.실야 太陽之精不虧.태양지정불휴 从口一종구일. 象形.상형 凡日之屬皆从日.범일지속개종일 <日部>

'日'은 가득 차 있다는 뜻이다. 태양의 정수는 어그러지지 않는다. 口와 一로 구성되었다. 상형이다. 日부에 속하는 글자는 모두 日의 의미를 따른다. <日 부수>

▷ 月 : 闕也.궐야 大陰之精.태음지정 象形.상형 凡月之屬皆从月.범월지속개종월 <月部>

'月'은 비어 있다는 뜻이다. 태음의 정수이다. 상형이다. 月부에 속하는 글자는 모두 月의 의미를 따른다. <月 부수>

日일과 月월 두 글자 모두 해설에서 상형임을 밝히고 있다. 갑골문 자형 과 모두 하늘에 떠 있는 해와 달을 그린 모습이다. 그런데 글자 가운데의 가로선과 세로선은 관점에 따라 해석이 다르다. 먼저, 은 태양의 흑점과 은 달 앞을 지나는 구름이라는 자연과학적 해석, 그리고 태양에 살면서 뜨고 지는 것을 관장하는 삼족오三足烏[]와 달에 살면서 선약을 만드는 형벌을 받은 토끼 혹은 두꺼비(蟾蜍, 섬서)[] 라는 신화적 해석이 있다.

왼 쪽 : 중국 화상석(畫像石=중국 漢魏 시대에 인물 및 신화적 내용 등을 암각한 돌)에 새겨진 삼족오
오른쪽 : 평양에 위치한 동명왕릉 9호분(=真坡里 7호분)에서 출토된, 해 뚫은 무늬 금동장식과 그 안에 새겨진 삼족오

중국의 신화에 의하면 삼족오는 글자그대로 세발까마귀이다. 이 새는 고대 동아시아 지역에서 태양 속에 산다고 여겨졌던 전설의 새이다. 해를 상징하는 원 안에 그려지며, 종종 달에서 산다고 여겨졌던 원 안의 두꺼비에 대응된다. 삼족오는 신석기 시대 중국의 양사오仰韶 문화, 한국의 고구려 고분 벽화, 일본의 건국 신화 등 동아시아 고대 문화에서 자주 등장한다.

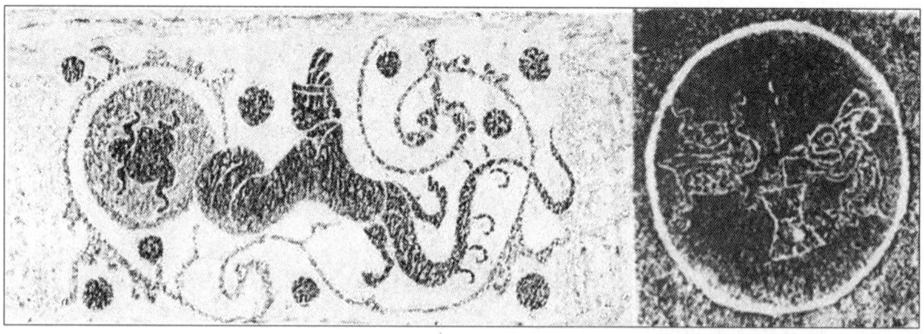

왼 쪽 : 중국의 상고신화를 바탕으로 항아분월(嫦娥奔月=상아가 달로 도망치다)을 그린 화상석. 1974년 河南省 南陽市 출토, 높이 64cm, 길이 119cm.
오른쪽 : 역시 중국의 상고신화를 바탕으로 토기와 두꺼비가 모두 그려진 화상석

두꺼비는 본래 상아嫦娥 또는 항아姮娥라 불리는 중국 신화에서 전해지는 여신이 변한 모습이다. 이 여인은 하늘에 떠 있는 열 개의 태양 가운데 하나만을 남겨두고 모두 쏘아서 떨어뜨린 활의 명수 예羿의 아내였었다.

지상에서 예羿와 함께 살던 이 여신은 다시 하늘의 신이 되기를 원했다. 그런 상아를 위해 하는 남편 예는 곤륜산의 서왕모西王母에게 3천년에 한번 꽃을 피우고 3천년에 한번 열매를 맺는 불사나무의 열매로 3천년 걸려 만든 불사약을 받아온다. 불사약은 둘이 먹으면 불로장생하고 혼자 먹으면 신선이 되어 하늘로 올라갈 수 있는데, 상아는 이 불사약을 남편 예가 없는 틈을 타 혼자 먹고 달로 도망간다. 예를 배신한 상아는 서왕모에게 벌을 받는다. 아름다움을 잃은 두꺼비의

모습으로 불사약을 만드는 방아를 영원히 찧어야 하는!

그런데 달에 추한 두꺼비가 산다는 것을 꺼려한 사람들이 두꺼비 대신 토끼를 그려놓았다는 이야기가 함께 전해지는데, 이 역시 신화는 사람들의 정념情念이 종합적으로 반영된 이야기라는 반증이다.

상형은, 제삼자가 그 사물을 알아야하기에 자세히 그려야 하겠지만, 그렇게 한다면 문자로서의 조건, 즉 쉽고 빠르게 써야 하는 조건에 맞지 않게 된다. '글자'가 아니라 '그림'인 셈이다. 그래서 상형자는 최대한 '간략'하되, 그 의미를 '정확'하게 전달해야 하는 의무가 있다.

그래서 상형자는 전형화된 상형자이며, 그것이 곧 발음부호이다. Multiple한 문자인 한자의 시작이자 끝이라 할 수 있다.

畫成其物	—	어떤 물건을 그려내는데	=	표의 기호 & 표음 부호
隨體詰詘	—	형체에 따라 전형적인 모양으로 그리는 것이다		

2) 指事지사

一曰指事, 指事者, 視而可識시이가지, 察而見意찰이현의, 上下是也.

첫째는 **指事**지사이다. 지사란 보아서 표시할 수 있고, 살피면 그 뜻이 드러나는 것으로서, '上상과 下하'가 그 예이다.

지사를 쉽게 표현하면 '일work, 의미'[=事]를 '가리킨다'[=指]이다. 事는 '일 사'인데, 지사에서는 '개념' 즉 '글자의 뜻'으로 해석한다. 이 '개념'은 눈에 보이지 않는 추상적인 것이기에, 역시 추상적인 부호를 더한 후 그것을 손가락으로 가리켜 어떤 개념을 나타낸다는 의미이다.

다만, 글자로 표현해야 하기에 역시 무언가를 그려야 한다. 즉, 지사도 그 기본은 상형이다. 그 방법은 상형자의 상응하는 부위에 추상적인 표지 부호를 더하여 나타내고자 하는 국부적인 범위를 가리키는 것이다.

그래서 지사는 크게 두 부류로 나눈다. 하나는 순수한 부호의 조합으로 이루어진 것으로 허신이 예로 든 '上상, 下하' 같은 '부호지사'이다.

다른 하나는 상형자의 기초 위에 표시하는 부호를 더해 이루어진 '인형因形지사'라 부를 수 있는 것이다. 예를 들면 다음과 같다. 모두『설문해자』에 수록되어 있는 글자들이다.

▷ [7] 叉(깍지 낄 차) : 手指相錯也. 从又, 象叉之形.[8] <叉部>
손가락이 서로 교차된 모습이다. (오른손의 모습인) 又우자를 따르고 깍지 낀 손가락 모습을 본뜬 것이다. <叉 부수>

▷ 刃(칼날 인) : 刀堅也. 象刀有刃之形.[9] <刃部>
칼날이다. 칼에 날이 있는 모습을 본뜬 것이다. <刃 부수>

▷ 亦(또 역, 겨드랑이 역) : 人之臂亦也. 从大, 象兩亦之形.[10] <亦部>
사람의 겨드랑이이다. (사람의 정면 모습인) 大대자를 따르고 양 겨드랑이를 본뜬 모습이다. <亦 부수>

모두 '从○, 象○○之形'이라는 방식으로 설명하고 있다. '从○'의 '从'종은 지금의 '從'종자다. '從'종이 널리 쓰이자 '从'종이 사용하지 않게 되었을 뿐 현대 중국의 번간체자 관계가 아니다. 다만 간화자에서 고대의 '从'종자를 '從'종자의 간화자로 채택한 것이다. '从○'은 글자의 구

7 **자형 출처** : 여기에서 예로 제시한 자형은『설문해자』에 사용된 소전체이다. 이하 동일함.

8 手指相錯也.수지상착야 从又,종우 象叉之形.상차지형
* 錯 섞일 착, 从 좇을 종, 叉 깍지 낄 차(교차하다)

9 刀堅也.도견야 象刀有刃之形.상도유인지형
* 堅 굳을 견, 刃 칼날 인

10 人之臂亦也.인지비역야 从大,종대 象兩亦之形.상양역지형
* 臂 팔 비, 亦 또 역(이 문장에서는 겨드랑이의 뜻임)

조를 밝히는 방식으로 '○을 따른다. ○으로 이루어진다.'로 해석하면 틀림이 없다.

어쨌든, '从○, 象○○之形'의 방식은 얼핏 상형의 방식과 혼동된다. 그러나 '상형'과 구분되는 근거는 위에서 예로 든 글자들은 이 글자들이 따르고 있는 형체를 제외해 버리면 남은 것들은 모두가 글자를 구성하지 못하는 점획 부호에 불과할 뿐이다.

위에서 예로 든 叉(깍지 낄 차)는 오른손의 모양을 상형한 又(또 우, 오른손 우)에 丶[점]을, 刃(칼날 인)은 칼의 상형인 刀(칼 도)에 점(丶)을, 亦(또 역, 겨드랑이 역)은 사람의 정면 모습을 상형한 大(큰 대)에 점(丶) 두 개를 양 옆으로 찍은 모습이다. 모두 상형을 바탕으로 하되, 점을 찍어 세부적인 의미를 나타내고 있다.

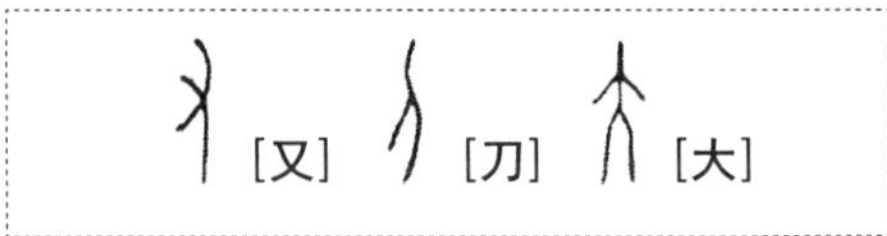

又, 刀, 大의 갑골문 자형

그래서 이들 점획 부호의 기능은 바로 글자의 뜻이 소재하는 바를 가리켜 주는 역할을 한다. 바로 상형에 기반을 둔 추상적인 부호의 더함이기에 인형因形지사이며, 결과적으로 지사자에 속하는 것이다.

반면, 상형자는 실제로 그 사물이 존재하는 것으로 허신이 상형의 예로 든 '日일, 月월'과 같은 것이다. 그러나 지사자는 그 실물에 구애되지 않고서 그 일[事]을 말하는 것으로서, 허신은 '上상, 下하'를 예로 들었다.

결과적으로, 지사자는 추상적인 부호의 조합이라고도 할 수 있으며, 지사의 '지'指는 '지시한다'는 뜻으로 부호를 사용해서 가리킨다는 뜻이며, '사'事는 '글자의 뜻'이라는 의미로 이는 대부분 비교적 추상적인 사물이나 개념을 표시하고 있다.

사실『설문해자』에서 허신이 지사라고 분명하게 밝힌 글자는 '上'상과 '下'하 두 글자뿐이다. 이게 무슨 황당한 말인가? 9353개의 글자를 대상으로 나눈 여섯 가지의 분류 중에 소속된 글자가 겨우 두 글자뿐이라니!!

그러나 허신이 지사라고 확정하지만 않았을 뿐 현대의 학자들은 상하 이외에 '一, 二, 三, 四, 五, 七, 八, 十' 등도 위에서 언급한 '부호符號지사'의 예로 분석하고 있다.

이렇게 지사에 대한 확고한 정의가 없는 이유는 그간 역대 학자들의 여러 해석에 서로 차이가 있어 왔기 때문이기도 하지만, 허신의 지사에 대한 정의 또한 비교적 모호하고 단지 지사자의 특징만을 개괄했을 뿐이라는 반증이기도 하다.

여기서 잠깐, 可識가지의 識지의 발음에 대해 언급할 필요가 있다. '識'는 '알 식'이 아닌 '기록할, 표시할 지'로 음훈을 읽어야 한다.[11] '알다'라는 의미일 때는 그 발음이 '식'이지만, '기록하다 표시하다'의 의미일 때는 그 발음이 '지'이다. 즉, 識지는 標識표지의 '지'이다.

그 근거는, 허신은 육서를 정의하는 여덟 글자에 운[韻=Rhyme]을 맞추었다는 데 있다. 즉, 視而可識시이가지, 察而見意찰이현의의 識지와 意의는 받침이 없는 운[12], 즉 음성운陰聲韻이다. 識지를 '식'으로 읽으면 意의의 '의'와 압운이 맞지 않는다.『광운』廣韻[13]에 의하면 역시 이 두 글자 모

11 **識** : 알 식, 적을 지, 깃발 치 = 1.알다 2.지식(知識) 3.식견(識見) 4.친분(親分) 이외에 a.적다(지) b.기록하다(記錄--)(지) c.표시하다(表示--)(지) d.표지(標識: 표시나 특징으로 다른 것과 구분함)(지) [출처 : 네이버 한자사전]

12 **받침이 없는 운** : 이를 陰聲韻이라 한다. 받침이 있는 운은 陽聲韻이라 하며, 특히 받침이 [-k, -p, -t/l]인 것은 入聲韻이라 한다.

13 **『廣韻』** : 송나라 때 지어진 운서이다. 출간년도는 1008년이다.
— 운서란 Rhyme Book 즉, 운문인 시를 지을 때 사용하는 여러 운들을 한 곳에 모아놓은 책이다. 수많은 운(206개)들을 암기하기 어려웠기 때문이다.
— 광운은 陳彭年(진팽년)·邱雍(구옹) 등이 황제의 명을 받아 만들었기에 정식 이름은 『대송중수광운(大宋重修廣韻)』이다.
— 하지만,『광운』은 수(隨)나라 육법언(陸法言)이 지은『절운(切韻)』(601)을 거의 그대로 계승한 것으로서 그 실질적인 음계는『광운』이 출간된 1008년이 아닌 그보다 400년이나 전인『절운』이 지어진 601년 당시의 음이다. 송나라 때까지 시를 지을 때 절실히 보아 왔던『절운』의 영향을 벗어나지 못한, 당시의 현실음/실제음과는 다른(보수적이고 고집스러운) 운서이다.

두 모두 받침이 없는 「志」韻지운에 속한다.

그래서 허신이 육서에 대해 정의를 내린 여덟 글자들의 운들을 살펴볼 필요가 있다. (「 」안에 있는 한자는 『광운』의 운이며, [ ]안에 있는 부호는 『광운』의 운자를 IPA(International Phonetic Alphabet)로 표기한 것이다.)

一曰指事, 視而可識시이가지, 察而見意찰이현의 「志」韻지운 [tʂʅ]
二曰象形, 畵成其物화성기물, 隨體詰詘수체힐굴 「物」韻물운 [u]
三曰形聲, 以事爲名이사위명, 取譬相成취비상성 「淸」韻청운 [tɕʰiŋ]
四曰會意, 比類合誼비류합의, 以見指撝이현지휘 「置/支」韻치지운 [tʂʅ/tʂʅ]
五曰轉注, 建類一首건류일수, 同意相受동의상수 「有」韻유운 [iou]
六曰假借, 本無其字본무기자, 依聲託事의성탁사 「志」韻지운 [tʂʅ]

위의 강조점이 찍힌 글자들은 각 행의 맨 끝에 있는 운, 즉 라임에 속한다. 이 운들은 『광운』의 운이다. 한국어와 비교하면 다음과 같다. (아래의 [ ]안의 발음이 『광운』의 운을 한국어로 표기한 것이다.)

識 意 = 「志」지 [tʂʅ]운, 한국어의 [ㅡ]발음
物 詘 = 「物」물 [u]운, 한국어의 [ㅜ]발음
名 成 = 「淸」청 [tɕʰiŋ]운, 한국어의 [ㆁ]발음
誼 撝 = 「置/支」치지 [tʂʅ/tʂʅ]운, 한국어의 [ㅡ]발음
首 受 = 「有」유 [iou]운, 한국어의 [(ㅣ)ㅗㅜ]발음
字 事 = 「志」지 [tʂʅ]운, 한국어의 [ㅡ]발음

래퍼rapper도 아닌 허신은 라임rhyme을 살렸다. 당시의 아이돌 힙합 가수였기 때문이 아니라, 중국 시가詩歌가 라임을 엄격히 지키는 운문(韻文 =verse, poetry)이었기 때문이다.

결국 허신이 의도적으로 운을 맞춘 것임을 쉽게 확인할 수 있다. 그렇다고 위의 여덟 글자로 된 육서의 정의는 시詩도 아닌데 왜 그랬을까? 라임은 귀에 쉽게 익숙해지는 효과가 있다. 암기가 쉽기에, 허신은 자신이 정의를 내린 이 여덟 개의 글자들을 사람들이 쉽게 암기할 수 있기를 바랐을 것이다. 총명하다. '五經無雙許叔重'[14](오경무쌍허숙중 : 오경에 있어서 허숙중=허신을 능가할 사람은 없다)라는 칭찬이 괜히 나온 게 아니다.

그래서 識는 意와 함께 志[tʂʅ]운에 속하니, '식'이 아닌 '지'로 읽어야 운이 맞아 떨어진다. 그런데 발음이 '지'일 경우에 識의 뜻은 '알다'가 아닌 '적다, 기록하다, 표시하다, 표지'의 의미가 된다.

결과적으로 '視而可識'시이가지는 '보아서 표시할 수 있다'로 해석해야 한다. 일반적으로 '視而可識'를 '시이가식'으로 읽고 '보아서 그 뜻을 알 수 있다'로 해석하는데 맞지 않다.

한편, '察而見意'찰이현의의 '見意'도 '견의'가 아닌 '현의'로 읽어야 맞다. '見'은 '볼 견'이라는 음훈 이외에 '나타날 현'의 음훈도 있다.[15] 그래서 '察而見意'찰이현의는 살펴서 그 뜻을 '본다'는 능동의 해석이 아니라, 살피면 그 뜻이 '보인다, 드러난다'는 피동의 해석이 맞다.

이상을 종합하면, 視而可識시이가지는 '보아서[視而](그 대략적인 뜻을) 표시할 수 있다[可識]'는 의미이다. 察而見意찰이현의는 '(얼핏 보아서 그 의미를 알 수 없는 것들은 자세히) 관찰하면[察而] 그 의미가 드러난다, 보인다[見意]현의'라고 해석한다. 허신의 정의이며, 필자의 해석이다.

이렇게 정의를 내린 후 항상 허신은 그 예자例字를 제시한다. 지사에서는 上상과 下하가 그 예이다.

14 **叔重(숙중)** : 허신의 字이다. 字는 한자 문화권, 특히 중국이나 한국, 일본에서 성년이 되는 관례 때 받는 이름인 관명과 함께 스스럼없이 부를 수 있도록 짓는 새로운 이름을 말한다.
이 새로운 이름인 字는 일반적으로 형제의 서열에 따라 특정한 글자가 들어가는 경우가 많다.
예를 들어 이름에 元(원)이나 伯(백), 孟(맹)이 들어가면 맏아들임을 의미한다.
우리말에 큰아버지를 백부라 부르는 경우가 그 예이다. 작은아버지는 숙부라 하는데, 허신의 자인 叔重의 叔이 곧 맏아들이 아닌 둘째 아들의 의미이다.
叔重의 나머지 글자 重은 그의 이름인 許愼의 愼이 '삼가하다, 신중하다'의 의미가 있기에 여기에 맞추어 愼重(신중)으로 그 의미를 맞춘 것이다.

15 **見**나타날 현 : '지체 높은 사람을 알현謁見하다'의 見이 그 예이다.

見 : 볼 견, 뵈올 현

1. 보다
2. 보이다
3. 당하다(當--)
4. 견해(見解)
   - a. 뵙다(현)
   - b. 나타나다(현)
   - c. 드러나다(현)
   - d. 보이다(현)
   - e. 소개하다(紹介--)(현)
   - f. 만나다(현) g.현재(현)
   - h. 지금(현)

[출처 : 네이버 한자사전]

▷ ⊥ 丄(위 상) : 高也.고야 此古文上,차고문상 指事也.지사야 凡丄之屬皆从丄.범상지속개종상 <丄部>

'丄'은 높다는 뜻이다. 이 글자는 上의 고문이며 지사다. 丄부에 속하는 글자는 모두 丄의 의미를 따른다. <丄 부수>

▷ ⊤ 丅(아래 하) : 底也.저야 指事.지사 <丄部>

'丅'는 아래라는 뜻이다. 지사이다. <丄 부수>

丄(위 상)은 지금의 上상과, 丅(아래 하)는 지금의 下하와 같다. 모두 허신 시기의 자형이다. 上상, 下하 두 글자의 소전체는 모두 기준이 되는 가로 선의 윗부분에 세로의 수직선을 그은 모습이다. 즉, 순수한 부호의 조합이라 볼 수 있기에 앞에서 언급한 '부호지사'에 해당한다. 上상, 下하의 갑골문 자형 , 도 이와 같다. 다만 긴 선을 기준으로 위·아래에 가로선을 그어서 上상과 下하의 개념을 '지사'했을 따름이다.

앞에서 허신은 지사자의 예로 上상과 下하 두 글자만 들었다고 하였는데, 이는 오로지 선과 점만으로 이루어진 지사자는 없다고 해도 과언이 아님을 반증하는 것이다. 즉, 상형의 바탕 위에 상형만으로는 나타낼 수 없는 추상적인 의미를 선이나 점 같은 추상적인 부호로 나타낸 것이 지사자의 '인형지사'이며, 우리가 일반적으로 말하는 지사의 경우이다.

눈에 보이지 않아 상형의 방식으로 그려낼 수 없는 의미, 그것을 한자를 만든 사람들은 상형에 추상적인 부호, 지사 부호를 더하여 눈에 보이는 글자로 만들었다. 그래서 손가락으로 가리켜서[指] 그 의미[事]를 다른 이들에게 보여주는 것이다.

視而可識 — 보아서 표시할 수 있고
察而見意 — 살피면 그 뜻이 드러난다.
= 추상의 시각화에 성공

3) 會意회의

四曰會意, 會意者, 比類合誼비류합의, 以見指撝이현지휘, 武信是也.

넷째는 會意회의이다. 회의란 비슷한 (둘 이상의) 종류를 모아 적절한 의미를 합쳐서, 가리키는 바를 나타내는 것으로서, '武무와 信신'이 그것이다.

회의는 글자 그대로 '의미[意]'를 '모은[會]' 것이다.

이때 '의미[意]'는 다름 아닌 상형자이다. 상형자가 갖는 의미들을 모아 또 다른 의미를 만드는데, 이렇게 만들어진 의미는 일반적으로 1+1=2의 의미가 아닌 1+1=3의 의미이다. 즉, 새로운 의미이되, 원래의 것과 관련 없이 전혀 별개의 의미가 아닌, 본래의 1과 연관이 되는 의미이다.

比類合誼비류합의란 '유사한 종류의 것들을 나란히 하여 적절한 의미를 합친다'이며, 以見指撝이현지휘란 (비류합의 함으로써) '그 결과 (오케스트라의 지휘자가 지휘하듯이) 손가락이 가리키는 의미가 드러난다.'이다.

지휘자의 지휘봉과 손

지휘指撝는 오케스트라의 지휘자가 지휘하는 그 지휘指揮와 같다. 指撝지휘의 指지는 '가리키다, 지시하다, 손가락', 허신의 撝휘는 '찢다, 가리키다, (높이 올려서) 휘두르다'의 의미가 있다. 지휘자의 揮휘도 '휘두르다, 지휘하다, 뿌리다'의 의미가 있으니, 지휘指撝는 지휘指揮와 같다고 할 수 있다.

결론적으로, 회의는 각각 의미가 비슷한 상형자 두 개를 합하여, 그것들이 합쳐진 이후의 1+1의 '2'가 아닌 제3의 의미를 마치 오케스트라의 지휘자가 가리키듯이 그 의미가 드러난다는 것이다.

허신이 예로 든 '武무와 信신'에서 회의의 의미가 잘 드러나고 있다.

▷ 武 : 楚莊王曰,초장왕왈 "夫武, 定功戢兵[16].부무, 정공집병 故止戈爲武.고지과위무" <戈部>

'武'는 초나라의 장왕이 이르길, 무릇 무란 전공을 확정하고 전쟁을 그치게 하는 것이라고 하였다. 그래서 止[그치다]와 戈[무기]로 武가 된다. <戈 부수>

▷ 信 : 誠也.성야 从人从言.종인종언 會意.회의 <言部>

'信'은 '성실하다'라는 뜻이다. 人과 言으로 구성되어 있다. 회의자이다. <言 부수>

허신에게 '武'무란 '전쟁을 그치게 하는 것', 즉 그러한 힘을 의미하였다. 마치 핵무기를 갖고 있는 나라가 다른 나라의 핵 보유를 억제하듯이, 진정한 힘은 싸워서 이기는 것이 아닌 전쟁이 아예 일어나지 않게 하는 것이라는 생각이다. 그래서 '止戈爲武'지과위무로 풀이하였다.

止지와 戈과는 比類合誼비류합의이며, 武는 以見指撝이현지휘이다. [止 그치다 + 戈 전쟁] = 제3의 의미인 [武]이다.

16 定 1. 정하다 2. 바로잡다. 功 1. 공, 공로 2. 일, 사업 3. 보람, 업적. 戢 1. 거두다 2. 그치다 3. 단속하다. 兵 1. 병사, 병졸, 군사, 군인 2. 무기, 병기 3. 싸움, 전쟁.

그러나 이는 허신 시기 유행하였던 전쟁에 관한 생각이거나, 훗날 사람들이 잘못 해석한 결과이다.

이러한 해석의 차이는 '止'지의 풀이에 근거한다.

당시의 전쟁에 관한 생각이라면 이 '止'지를 '그치다, 멈추다'의 의미로 본 것이다. 현재 우리의 음훈도 '그칠 지'이다. 이에 우리는 고대 자형을 참조해야 한다.

止지의 갑골문 은 발을 그린 상형이다. foot이다. 영어의 feet도 이에서 유래한 것이다. 이 발은 엄지발가락의 위치로 보아 왼발이다. 이 갑골문 자형 이외에도  등 자형이 있는데, 오른발도 있다.

다시 이 '발'[止]이 위아래로 합쳐진 다른 글자를 보자.

商 갑골문 

周 금문 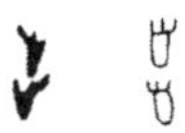

秦 소전체 

위 글자는 '걷다'라는 의미의 步보이다. 다음 글자는 무엇일까?

商 갑골문 

周 금문 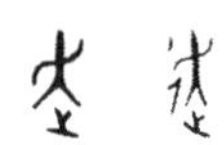

秦 소전체 

'달리다'라는 의미의 走주이다. 갑골문은 양 팔을 앞뒤로 힘차게 젓는 사람[ ]의 모양이며, 금문에 와서 [ ] 자형이 발[ ]과 결합하였다.

(走의 갑골문 자형 를 제외하고는) 步보와 走주 모두 자형과 자형이 합쳐져 만들어진 글자이다. 결국 止지의 본래 의미는 '발'이며, '발'의 본래 역할인 '걷다, 나아가다'의 의미가 애초부터 있었다고 할 수 있다. 그런데 이 '발'에 '그치다'의 의미가 부여된 것은 고대에 시작과 끝은 하나라는 인식 때문이라 추측한다. '가는' 것은 곧 '멈춤'의 다음 행동이며, '멈춤' 또한 '가는' 것의 다음 행동이다.

'주다'라는 의미의 '授'(줄 수)는 처음에는 '받다'라는 의미의 '受'(받을 수) 한 글자로 사용되었었다. 훗날 '주고받음'을 구분하기 위해 '재방변'扌傍邊이라 불리는 手(손 수)의 변형인 扌가 붙여진 것과 같다.

그래서 止지는 본래 '가다'라는 의미였다가, 다른 자형을 덧붙이거나 별도의 글자를 만들지 않고 '그치다, 멈추다'라는 의미와 함께 쓰이다가 그대로 굳어졌을 것이다. 이때의 '그치다'라는 의미를 인정한다면 허신의 '止戈爲武'지과위무는 '싸움[戈]을 멈추게 [止]하다'가 된다.

그러나 사실은 달랐었다. 武무의 갑골문에 등, 창[戈, 갑골문 소전]과 발[止, 갑골문 소전]이 합쳐진 자형이 이미 존재하고 있다. 이 자형을 고려한다면 '止戈爲武'지과위무의 의미는 '창(무기)을 어깨에 걸치고 (전쟁을 하러) 나아간다'라는 의미가 된다. 전쟁을 멈추는 것이 아니라, 오히려 전쟁을 하러 씩씩하게 발맞춰 전진하는 것이다. 이 해석이 맞다.[17]

'전쟁을 멈추게 하는 것이 진정한 무력이다'라는 주장은 현대에도 자주 인용되는 문구이다. 자고나면 전쟁이었고 죽어야만 그 전쟁이 끝날 수 있었던 전국戰國시대! 그 시기를 끝장낸 한대漢代에 살았던 허신과 그 시대 사람들이 '止戈爲武'지과위무를 시대와 상황에 맞게 해석하고자 한 배경도 이러한 잘못된 해석의 원인이라 하겠다.

17 허신은 會意의 예로 든 武는 戈를 지고 가는 발 모양의 止가 결합된 글자이다. 허신은 이를 '止戈爲武'라 분석하였는데, 경학자들은 싸움을 그치게 하는 것이 武이며, 싸움을 그치도록 하기 위해 武를 키워야한다고 해석하였다.
이는 경학자들의 사상적인 해석일 뿐, 武라는 글자의 본질적인 의미에서 벗어난 것이다.
당초 조자의 개념은 '전쟁을 치르러 씩씩하게 걸어가는 병사의 발걸음'이었다.

그런데, 아니러니 하게도 해석이야 어찌 되었든 '止戈爲武'지과위무는 比類合誼비류합의 以見指撝이현지휘의 예로서 적절하다. 모두 1+1해서 제3의 의미를 만들어냈기 때문이다. 허신의 회의에 대한 정의는 틀림이 없었던 것이다.

信신의 경우는 이론이 없다. 사람[人, 갑골문  소전]과 말[言,  갑골문  소전]이 합쳐져 단순히 '사람의 말'이 아닌 '믿음'이라는 뜻을 만들어냈다.

'比類'비류는 각각의 1이며, '合誼'합의는 그 1의 결합 즉 1+1이다. 그런데 그 결과는 2가 아니라 3이다. 즉, 제3의 의미의 도출에 성공하였다. 바로 '指撝'지휘이다. 이는 나아가 글자 한 개의 의미 확장을 전문적으로 시행한 '轉注'전주의 시작이기도 하다. 한자는 사실 상형에서 시작해 이 상형이 갖는 형체와 발음의 역할을 재가공하고 재생산하는 과정에 다름 아니다.

그러나, 이렇게 제3의 의미를 만들어 내는 데 멋지게 성공한 이 회의의 방식은 한 가지 치명적 결함을 내포하고 있다. 발음의 상실이 그것이다. 앞에서 한자는 상형의 재가공이라 하였는데, 상형자는 이미 발음의 부호였었다. 이 상형자 두 개가 결합한 회의자는 의미의 재생산에 치중한 나머지 발음을 가져오지 못했다. 오로지 의미만의 결합으로 끝나버린 것이다.

그래서 회의자는 [의미+의미]의 구조로 상형의 부호를 바꾼 것이라 하겠다. 한자는 글자 하나가 오직 하나의 의미만을 갖지 않는다. 상형자가 본래부터 그랬다. 이는 글자 하나에 하나 이상의 여러 개의 뜻이 있는 상형자의 원래 기능이 회의자라는 방식으로 그 역할이 구체화된 것이며, 나아가 글자 하나의 의미의 확장이라는 전주자를 만들어 내는 과정이라고 할 수 있다.

회의자는 상형자가 갖는 의미의 결합을 재생산하되, 제3의 의미를 만들어내었음과 동시에 사실 회의자는 [상형+상형]의 구조이기에 엄밀히 말하면 새로운 글자를 만든 것이 아니다. 이미 만들어져 있던 상형자를 재활용한 것이다.

한자는 비록 그 개수가 많지만, 회의자는 새로운 글자를 만들어 개수를 늘린 것이 아니라고 할 수 있다. 회의자는 상형자를 재활용, 재가공하여 새로운 개체를 만들어냈기 때문이다.

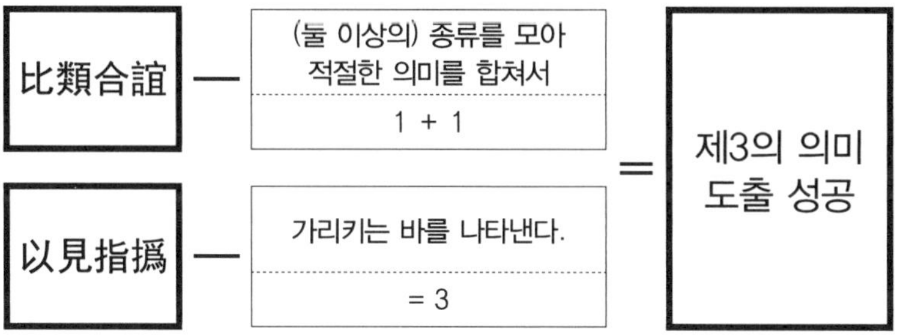

4) 形聲형성

三曰形聲, 形聲者, 以事爲名이사위명, 取譬相成취비상성, 江河是也.

셋째는 形聲형성이다. 형성이란 개념을 이름(의미=形符형부)으로 삼고, 비슷한 것(소리=聲符성부)을 취하여 (둘이) 함께 이루는 것으로서, '江강과 河하'가 그것이다.

형성은 글자 그대로 [형]形과 [성]聲의 결합이다. 즉, 형부形符 + 성부聲符이다.

이사위명以事爲名의 '사'事는 지사指事에서 설명한 것처럼 '개념'과 같다. 어떤 사물이건 간에 눈으로 보여지는 그것은 곧 그것을 의미하는 '개념'인 것이다. 눈으로 보고 머리로 인식한다는 것이다. 즉, 이사위명以事爲名은 '개념으로써[以事] 형부로 삼는다[爲名]'이다.

허신은 이 '개념'을 '명'名으로 삼는다고 하였는데, '명'名은 의미의 범주를 나타내는 부분, 즉 형체부 혹은 의미부이다. 일반적으로 형부形符라 부른다.[18]

18 **聲符** : 반면 글자의 음을 기록한 부분은 소리부로서, 일반적으로 성부라 한다.

그래서 허신이 말하고자 하는 이사위명以事爲名은 이 '개념'을 나타내는 부호이다. 여기에 다시 '발음'을 갖고 있는 부호인 취비取譬를 더하여 글자가 서로 의지하면서 완성[相成]된다. 그러나 취비取譬는 단순한 '발음'만은 아니다.

취비取譬를 위에서 '비슷한 것을 취하다'라 번역하였는데, 비譬에는 ①비유比喩·譬喩하다 ②설명하다 ③깨우치다, 인도하다 ④깨닫다 ⑤비유　등의 의미가 있다. 즉, [형부]인 명名을 설명하고 인도하는 [형부+성부]를 더한다[取]는 것이다. [형부]에 어울리는 [형부+성부]이다. 취비取譬는 not only Sound but also Meaning의 부호이다. 그래서 허신은 상성相成이라 하였을 것이다.

취비상성取譬相成은 '(일반적으로 한자 왼쪽의 형부와) 비슷한 (의미와 발음을 갖고 있는) 부호를 (한자의 오른쪽에) 취하여[取譬] ([형부+형부 겸 성부]의 구조로) 서로 완성된다[相成]'이다.

[이사위명以事爲名+취비상성取譬相成] = [상형+상형]인데, 일차적으로는 [형부+형부]이니 회의자이지만, 결과적으로는 [형부+(형부+성

以事爲名	**取譬相成**
개념을 이름(의미=形符)으로 삼고,	비슷한 것(소리=聲符이자 의미=形符)을 취하여 함께 이루는 것이다.
글자의 개념	개념과 어울리는, 발음과 의미를 동시에 담당하는 부호
▪ 事 = 指事의 事와 같음. ▪ 독체자인 상형자의 '개념'을 나타내는 역할	▪ 역시 독체자인 상형자와의 역할 ▪ 이렇게 만들어진 글자는 합체자이면서, ▪ 글자의 '의미'를 다시 한 번 확인시켜주고 합체자의 '발음'을 보여줌
상형자	상형자
[형부]	[형부 + 성부]

형부 + 형부 = 회의자

\+

형부 + 성부 = 형성자

‖

회의겸형성자

부)]이니 곧 회의자와 형성자가 더해진 회의겸형성자會意兼形聲字이다. 허신이 말하고 있는 형성자는 단순히 [형부+성부]의 구조가 아닌 [형부+(형부+성부)]의 회의겸형성자를 말하고 있는 것이다. 허신은 치밀한 학자이다.

허신의 『설문해자』에 주석註釋 작업을 한 단옥재는 『설문해자주』說文解字注에서 이사위명以事為名은 절반의 의미인 '반의'半義이고 취비상성取譬相成은 절반의 소리인 '반성'半聲이라 하여 형부와 성부로 이루어진 글자라 하였다. 그러나 이 분석은 일차적인 분석에 그치고 있다. 허신의 형성자는 단순한 [형부+성부]의 글자가 아니라 [형부+(형부+성부)]의 회의겸형성자를 말한 것이다. 허신이 형성자의 예로 든 글자가 강江과 하河의 구조를 보면 회의겸형성자인 것이 분명하다.

▷ 江 : 水.수 出蜀湔氐徼外崏山,출촉전저요외민산 入海.입해 从水工聲.종수공성 <水部>

'水'는 물이름이다. 촉의 전저湔氐[19]의 교외徼外[20]인 민산崏山에서 나와 바다로 들어간다. 水자를 따르고 工의 소리이다. <水 부수>

▷ 河 : 水.수 出焞煌塞外昆侖山,출돈황새외곤륜산 發原注海.발원주해 从水可聲.종수가성 <水部>

'河'는 물이름이다. 돈황(焞煌=敦煌)[21] 변방의 곤륜산에서 나와 바다로 흘러간다. 水자를 따르고 可의 소리이다. <水 부수>

강江과 하河 모두 고유명사로서 그 지리적 위치를 설명한 후 글자의 구조를 밝혔다. 강은 오늘날 양자강이라고 불리는 장강이며, 하는 중국 문명의 발원지로 알려져 있는 황하이다. 허신 시기에는 '강'과 '하'로만 불리다가 이 단어가 일반명사로 널리 쓰이자, 훗날 '장강'과 '황하'라는 명칭으로 그 고유적 성격을 명확히 한 것이다.

허신이 풀이한 글자의 구조는 다음과 같다.

- 강江은 '从水工聲'종수공성이라 하였는데, 水[형부] + 工[성부]라는 의미이다.
- 하河는 '从水可聲'종수가성이라 하였는데, 水[형부] + 可[성부]라는 의미이다.

19 湔氐(전저) : 고대의 지명으로서, 지금의 四川省(사천성) 松潘縣(송반현) 일대이다. 氐(저)는 고대 중국 서부의 큰 부족으로서, 羌族(강족)의 일부로 인식되어 氐羌(저강)이라 불리기도 하였다.

20 徼外(요외) : '변방'이라는 의미이다. 『史記 · 佞幸列傳』(사기 · 영행열전)에 보인다.

21 焞煌(돈황) : 지금의 甘肅省(감숙성) 서북부 일대로서, 국가역사문화명승지인 실크로드의 중심지이다.

위 두 글자들을 단순하게 보면 [형부]+[성부]의 구조인 형성자로 생각할 수 있다. 때문에 성부인 工과 可의 고대자형인 갑골문을 참조할 필요가 있다.

- 工 : 갑골문 금문 소전체

학자들은 갑골문 자형을 고대에 공예를 전업으로 하는 장인이 사용하는 도구로 이해하고 있다. 즉, a Tool of smith or artisan[22]의 상형자이다. 금문도 모양이 조금 변했을 뿐 그 의미는 동일하다. 필자는 대장간에서 화덕에서 풀무질로 달구어진 쇠붙이를 모루 위에 두고서 망치로 두들겨 모양을 만드는 그 모습이 연상된다.

대장간에서 사용하는 모루와 망치

22 * smith ①금속 세공인, (특히) 대장장이 (blacksmith) ②제조인, 제작자, 장식공
* artisan 장인, 기능 보유자

- 可 : 갑골문 금문 소전체

이 글자를 학자들은 '도끼자루'나 '나뭇가지'를 뜻하는 柯(자루 가)의 본자本字로 분석하거나 '노래'를 의미하는 哥(노래 가), 謌(노래 가), 歌(노래 가)의 본자로 분석한다.

柯(자루 가)처럼 '도끼자루'로 분석할 경우, [형부+성부 : 도끼자루] + [형부 : 허가, 긍정] = '할 수 있다. 적합하다. ~할 만하다'의 뜻으로 그 의미가 인신되어 사용된다. 『설문해자』에서도 "可,가 肯也긍야"(가는 '긍정하다'라는 의미이다.)라고 하고 있는 것이 그 근거라 하겠다.

哥(노래 가)처럼 '노래'로 분석할 경우, [형부 : 악기] + [성부+형부

: 발성發聲] = 고대에 남녀가 생황 같은 악기를 불며 서로 짝을 찾는 모습으로서, 여기에 훗날 '말'을 의미하는 言언이 더해져 謌(노래 가)가 만들어졌거나 혹은 '입을 모아 불다'라는 의미의 欠(하품 흠)이 더해져 歌(노래 가)가 만들어졌다.

생황(笙簧)

그러나 필자는 다른 의견을 제시한다. 위의 두 견해를 결합한 분석이다.

[형부 : 농기구] + [성부 : 발성]의 구조이다. 즉, 고대에 농기구를 들고 노동을 하면서 그에 맞춰 노래를 부르는 모습의 구조이다. 농기구는 고대 중국의 곡괭이(鋤頭 chútou : 鋤호미서, 頭접미사)를 연상할 수 있다. 도끼 대신 괭이로 그 도구를 바꾸어도 의미에는 별다른 차이가 없으며 동시에 노동요의 의미가 있으니, 위에서 말한 '도끼'와 '노래'의 결합이라 할 수 있다.

괭이와 농부

이제 형성의 예자인 강江, 하河의 형부인 氵(물 수)에 성부라고 알려진 工(장인 공)과 可(옳을 가)를 결합해 보자.

江 = 氵(水) + = (갑골문의 경우)

江 = 氵(水) + 工 = (소전체의 경우)

河 = 氵(水) + = (갑골문의 경우)

河 = 氵(水) + = (소전체의 경우)

은 [물 + (장인의) 도구]의 구조이며, 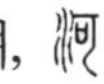는 [물 + 농기구와 노래]의 구조이다.

이는 양자강과 황하가 마치 장인이 어떤 물건을 만들듯이 혹은 농기구로 경작을 하듯이 그저 단순히 흐르는 물이 아니라 어떤, 아니 아주 중요한 역할을 한다는 의미로 보아야 한다. 양자강은 중국 남방에서, 황하는 중국 북방에서 그 거대하면서도 도도한 물줄기로 침식과 퇴적작용을 거치면서 사람들에게 두려움과 풍요로운 농토를 동시에 선사하였다.

허신의 분석은 이 두 글자가 양자강과 황하의 역할을 반영한 글자로서 [형부+(성부+형부)]의 회의겸형성자를 말하고자 한 것이다. 오늘날 [형부+성부]의 글자로만 알고 있는 형성자는 사실 위의 형부가 두 번 중복되는 이중적 구조를 간략화 한 것이라 할 수 있다.

다시 말해 [형부1+(성부+형부2)]의 구조에서 형부1은 커다란 주제이며 형부2는 형부1을 보충해 주는 세밀한 사항이라고 할 수 있다. 동시에 발음까지 담당해야 하는 '막중한' 번거로움이 있었다.

예를 들면 娶 '장가들 취'의 경우 윗부분의 「取」취는 글자의 발음이며, 아랫부분의 「女」여는 글자의 의미이다. 그런데 「取」취는 '얻다, 가지다'의 의미인데, 그 구조는 '귀'를 의미하는 「耳」이와 '오른 손 혹은 다시, 또'를 의미하는 「又」우가 결합이다. 이는 고대에 전쟁에서 적을 잡으면 그 증거물로 그 귀를 잘라내어 가져 왔다는 데서 유래한 글자이다. 전투를 치른 후에 내가 죽인 사람의 수만큼 포상을 받았기 때문이다. 적의 머리보다는 귀가 부피나 무게로 보아 훨씬 편리했을 것이다. 그래서 「取」취는 결과적으로 娶의 발음이자 동시에 의미가 된다.

耳 : 갑골문  | 소전 

又 : 갑골문  | 소전 

取 : 갑골문  | 소전 

임진왜란 때에도 일본×들이 조선인 12만 명의 코와 귀를 잘라 가져가 만든 귀 무덤이 아직도 일본 교토시京都市에 남아있다. 耳塚이총이다.

이렇게 전쟁에서 유래된 取취자는, 훗날 여인들을 납치하듯이 자신의 아내로 삼았던 풍습이 반영되어 女여를 더해 娶취가 만들어지게 된 것이다. 결국 娶취에서 取취는 娶취의 발음이자 의미를 동시에 담고 있는 구조이다. 이렇듯 형성자의 성부는 글자의 의미와도 연관이 있다. 형부가 두 개 있는 구조이다. 이 구조는 의미를 두 번 반복해서 그 뜻이 구체적으로 드러나긴 하지만, 그렇지만 복잡하다. 다시 말해서 娶취에서 取취를 찾기가 어렵다.

이에, 훗날 글자를 만드는 사람들은 위의 번거로운 [형부1 + (성부 + 형부2)]의 구조에서 (성부 + 형부2)의 형부2를 과감히 생략하고 현재의 [형부1 + 성부]의 구조로 글자를 만들게 된다.

그 결과 이제 어떤 새로운 개념이 아무리 많이 나올지라도, 글자를 만들기에 대단히 수월해 진 것이다. [형부1 + 성부]의 구조에서 [형부1]은 그저 큰 주제를 의미하는 상형자를, 성부는 주제와는 상관이 없는 오로지 만들고자 하는 글자의 발음에 해당하는 부호만 붙이면 되는 구조이다.

형성자가 만들어지는 일반적인 방식은 다음과 같다.

① 左形右聲좌형우성 : 諆(속일 기), 校(학교 교), 仲(버금 중)

② 左聲右形좌성우형 : 期(기약할 기), 頭(머리 두), 頂(정수리 정)

③ 上形下聲상형하성 : 箕(키 기), 罟(그물 고), 宥(용서할 유)

④ 上聲下形상성하형 : 基(터 기), 辜(허물 고), 盲(소경 맹)

⑤ 内聲外形내성외형 : 圄(옥 어), 固(굳을 고), 褒(기릴 포)

⑥ 内形外聲내형외성 : 問(물을 문), 閩(종족 이름 민), 辯(말 잘할 변)

드디어 한자는 주제와 발음을 동시에 나타내면서 그 조자 방법이 대단히 간단한 구조를 완성한 것이다. 한자는 상형에서 시작하여 형성에서 완성되었다고 할 수 있다. 그러나 형성의 부호 역시 사실은 상형의 결합이니, 한자를 처음부터 끝까지 꿰뚫고 있는 것은 바로 상형이다.

새로운 사물이 생겨나면, 이 사물에 대한 개념, 그리고 그 개념을 표현하는 언어가 생겨난다. 그러나 이 언어를 기록하는 문자는 항상 혹은 반드시 즉각 만들어진 것은 아니다. 특히 고대에는 상형과 회의만을 가지고 글자를 만든다는 것은 추상적 의미의 허사虛詞나 함의가 복잡한 실사實詞 모두 그에 상응하는 문자를 만들기가 어려웠다.

사회의 발전에 따라 언어가 풍부해지고, 조자造字의 출처가 분명하지 않은 상황에서 표의문자는 한계에 부딪칠 수밖에 없다. 표의문자를 사용했던 고대 이집트, 바빌로니아에서 여러 번 마주쳤을 유사한 상황이다.

표의表意에서 표음表音으로 가는 것은 문자 그 자체로 발전하는 법칙이다. 그렇다고 한자가 오직 표의문자로만 존재하였다는 것은 아니다. 한자는 그림의 모습을 한 발음부호이기 때문이다. 그러나 사람들은, 그 사실을 인식하지 못했고, 특히 한자를 처음 접했던 표음문자의 국가들은 이 사실을 오히려 무시했다. 고대의 동굴벽화에서나 발견되는 미개한 그림문자로 오해한 것이다. 그릇된 자부심이며 오만이다.

사실 많은 문자들이 이 표의 문자의 한계를 해결하기 위해 새로운 길을 찾았다. 병음 문자로 대체하여 표음 문자로 향하고 있는 것이 그것이다.

그러나 한자는 스스로를 포기하지 않았다. 전면적인 병음자로 변하지 않은 것이다. 현재의 bo, po, mo, fo 같은 병음拼音부호가 병음자의 적절한 사용인데, 이 병음부호는 한자의 발음을 보여주고 들려주는 음성파일 같은 역할을 할 뿐이다.

한자는 그 모습 그대로, 즉 자신의 모습을 성형하지 않은 채 표음문자의 기능을 되살렸다. 새로운 글자가 필요할 경우 상형이나 회의를 고집하지 않고 해당 발음의 상형자를 역시 의미를 나타내는 상형자에 덧붙이면 되는 방식이다. 형성形聲이 그것이다. 사실 이와 같은 상형 부호의 발음부호의 역할은 이미 상형자가 갖고 있던 고유의 기능이며, 이 상형자에 의미 전달의 역할을 제거하면 그것은 곧 오로지 발음부호로만 사용되는 가차자假借字가 되는 것이 그 증거이다.[23]

23 가차자의 표음부호로의 사용에 대해서는 가차편에서 상세히 설명하겠다.

그렇다면 형성자는 형부에 성부를 덧붙인 것일까, 아니면 형부에 성부를 덧붙인 것일까?

필자는 후자라 생각한다. 원래 처음부터 한자는 형부로 탄생한 것이 아니라 성부로 탄생한 것이다. 즉, 모든 어떤 사물이나 개념의 발음을 담는 부호로 만들어진다. 즉, 어떻게든 만들어진 글자, 즉 상형의 부호는 일단은 성부로서 발음을 들려주는 역할을 하였으며, 이 발음부호는 지역과 세대를 뛰어넘어 (조금의 변화는 불가피하게 있었지만) 지금까지 전달되고 있다. 다만, 한자는 발음부호를 만드는 방법이 추상적인 부호가 아닌 구상적인 그림이었기에 우리는 발음부호인 한자를 보면서 그 뜻까지 동시에 유추하였던 것이다. 다시 말해 한자는 1자 형음의 멀티플Multiple한 문자였다. 영어 같은 표음부호는 발음의 전달을 그 주목적으로 하는 것과 차이가 있다.

새로운 의미와 개념이 점점 더 많아지자, 사람들은 그에 해당하는 글자를 만들어야 하는 어려움에 직면했다. 하지만 그들은 무책임하게도 새로운 글자를 만드는 대신, 아무 글자나 새로운 의미를 무작위로 부여하는 가차자를 빈번하게 사용하게 되었다.

그만큼 가차자는 편리하였지만 새로운 의미가 부여되었다는 그 새로운 약속을 모르는 사람들은 혼란스러울 수밖에 없었을 것이다. 이렇듯 가차자의 사용이 빈번해지자, 글자의 의미 표현에 혼란이 생기는 부작용이 발생한다.

이에 사람들은 이미 그 모양에서 주는 의미를 상실한 가차자에 원래의 의미를 되살리는 형부를 덧붙였을 가능성이 크다. 형성자의 탄생이다. 즉, 표음을 위주로 하였던 글자에 표의의 기능을 추가한 것이다.

한자는 비로소 표의의 구속으로부터 벗어나 얼마든지 표음으로 그 문자 고유의 기능을 수행하는 데 어려움이 없게 되었다. 이것이 형성자가 글자를 만드는 어려움을 해결함과 동시에 한자가 발전할 수 있는 새로운 길을 개척한 것이다.

소리와 상형 부호를 결합한 이 상형자는 발전 공간이 크고 운용 범위도 넓어 한자 중에서 당연히 가장 높은 비율을 차지한다.

형성자의 가장 큰 장점은 같은 성질, 유사한 범주의 사물을 요약하여 보여준다는 것이다. 이 역할은 형성자의 형부가 담당하고 있으며, 그래서 형성자에서 형부는 대부분 부수에 속한다. 동시에 이 부수는 대부분 상형자이다.

5) 轉注전주

五曰轉注, 轉注者, 建類一首건류일수, 同意相受동의상수, 考老是也.

다섯째는 **轉注**전주이다. 전주란 (비슷한) 부류를 세우고 머리(부수)를 하나로 하여, 같은 뜻으로서 서로 받아들이는 것으로서, '**考**고와 **老**노'가 그것이다.

전주轉注의 글자 그대로의 뜻은 구르고[轉] 흐른다[注]는 의미이다. 전轉의 부수는 '수레 차/거車'이니 수레바퀴가 구르는 것이고, 주注의 부수는 '물 수水'이니 물이 흐른다는 것이다.

수레바퀴는 출발점에서 굴러 가 어느 지점에 이르면 수레바퀴의 본질은 그대로 있어도 이미 얼마간의 거리를 이동하여 본래의 위치와 달라졌으며, 수레바퀴에 여러 가지 흙먼지나 껌들이 달라붙어 있을 것이다. 물론 고대에 껌은 없었겠지만 말이다. 흐르는 물도 마찬가지이다. 수원지에서 발원한 한 줄기의 물은 계곡과 강을 지나 바다에 이를 것이지만, 물의 본질은 변하지 않았다. 수레바퀴와 물 모두 동일하게 시간이라는 것도 함께 한다.

한자도 마찬가지이다. 어떤 글자 하나가 마치 수레바퀴가 구르고 물이 흐르듯이 그 위치와 시간은 변했을지라도 그 본질은 변하지 않되 그와 연관된 여러 가지 의미가 달라붙어 의미가 확장되는 것이다.

우리는 전주를 이렇게 이해하면 된다.

그러나 허신의 전주에 대한 풀이는 달랐다. 전주라는 용어는 현재 한자의 쓰임과 같지만, 전주를 풀이하는 여덟 글자에는 허신의 독특한 개념이 반영되어 있다. 다소 복잡하여 지금까지 여러 학자들의 견해가 분분한 부분이 바로 전주이기도 하다.

먼저, 필자는 建類一首건류일수란 부류를 세우고 머리[부수]를 하나로 한다고 번역하였는데, 이때 類류는 회의에서 본 比類合誼비류합의의 類류와 같다. 즉, 종류 내지는 부류로서, '어느 의미를 대표하는 두 가지'로 해석하면 된다. 그래서 '建類'건류는 '두 개의 글자를 세운다'로 해석할 수 있다. '一首'일수는 建類건류하여서 세운 두 개의 글자는 서로 하나의 머리, 즉 부수로 통하여야 한다는 조건이다. 建類一首건류일수는 그래서 전주자가 되기 위한 '전제'라 할 수 있다.

同意相受동의상수는 建類一首건류일수의 조건을 만족한 경우, 그 결과 두 글자의 의미가 서로 주고받을 수 있다는 것이다. 부수를 같이 하는 두 개의 글자이니 '각각의 의미를 서로 주고받을 수 있다'로 해석할 수 있다. 이때 '받다'의 受수는 '주다'의 授수와도 통한다.[24] 同意相受동의상수는 그래서 전주자가 완성된 '결과'라 할 수 있다.

아직까지 이해가 쉽게 안 되겠지만, 허신이 든 예자인 考고와 老로를 대입하면 너무 쉽게 이해가 될 것이다.

考의 고대 자형 :  갑골문  금문  소전체

老의 고대 자형 :  갑골문  금문  소전체

24 **受와 授** : 두 글자의 갑골문 자형은 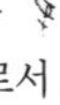, 금문 자형은 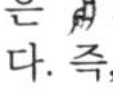으로서 모두 동일하다. 즉, 하나의 글자로 '주다'와 '받다'의 의미를 함께 사용하였었다.
受와 授는 소전체에 와서야 '주다'에는 또 하나의 손[扌]를 더하여 와 로 구분하였다.
이는 허신의 회의자의 예로 든 武를 설명하는 止戈爲武에서 止가 '가다'와 '멈추다'의 두 의미로 함께 쓰인 것과 같다.

위 두 글자의 고대자형을 시기별로 서로 비교하면, 모두 공통된 요소로서 자소字素[25]인 부분을 가지고 있는데, 머리카락이 긴 사람이다. 노인을 의미한다. 그리고 그의 손에 들려 있는 것은 지팡이이다. 결과적으로 지팡이를 짚고 있는 노인의 모습이다. 그래서 老로의 의미는 '늙다'이며, 동시에 考고의 의미도 오래 살아 경험이 많은 노인의 곰곰이 생각하는 '사고'를 의미한다. 결국 考고와 老로, 老로와 考고 두 글자는 연원이 같은 글자이다. 이를 동원자同源字라고 한다. 허신이 『설문해자』에 예로 든 소전체는 특히 그 모양이 그 이전의 자형에 비해 대단히 유사하다.

부분이 바로 허신의 建類一首건류일수에 해당하는 부분이다. 같은 의미를 가진 글자 두 개[建類]의 공통되는 하나의 요소[一首]이다. 이는 同意相受동의상수하기 위한 전제 조건이기도 하다.

이 '늙은 사람'이라는 부분을 공통으로 하여 만들어진 두 개의 글자 考와 老는 그 의미가 유사[同意]하기에 서로 주고받는[相受] 것이다. 즉, 전주의 전제 조건인 建類一首건류일수가 완성된 결과가 同意相受동의상수이다.

그러나 현대적인 의미의 전주는 허신의 전주와는 다르다. 허신의 전주는 두 개의 글자에 공통적인 요소가 있어서 그 글자들의 의미가 서로 통하여 확장되었다는 것이다.

그러나 현재 일반적으로 말하는 전주는 앞에서도 언급하였듯이 두 개의 글자가 아니라, 하나의 글자가 그 자체적으로 의미가 확장되는 것이다.

예를 들면 『네이버 한자사전』에 실린 一일을 보면 다음과 같다.

25 字素(자소) : 어떤 언어의 문자 체계에서 의미상 구별할 수 있는 가장 작은 단위이다. 文字素(문자소)라고도 한다.

一 한 일 : ①하나, 일 ②첫째, 첫 번째 ③오로지 ④온, 전, 모든 ⑤하나의, 한결같은 ⑥다른, 또 하나의 ⑦잠시, 한번 ⑧좀, 약간 ⑨만일 ⑩혹시 ⑪어느 ⑫같다, 동일하다

①의 의미와 ⑫의 의미를 단순 비교하면 서로 의미가 다른 것 같지만, ①부터 ⑫까지 그 의미가 어떻게 변하였는가를 고려하면 결코 一일의 의미가 아닌 것이 없다. 이것이 현대적인 의미의 전주이다.

이는 영어의 blue가 '①파란, 푸른 ②(사람이나 신체 부위가) 새파래진, 질린 ③(비격식) 우울한'의 의미를 갖는 것과, watch가 동사로서는 '①보다, 지켜보다, 주시하다 ②(잠깐 동안) 봐 주다 ③(비격식) 조심하다'의 의미를 갖으며, 명사로서는 '①시계 ②감시, 망 보기, 주시③불침번'의 의미를 갖는 것과 같다.

이를 달리 말하면, 세계 모든 언어에서 오직 하나의 의미만을 갖는 단어는 없다는 것이다. 만약 모든 단어가 오로지 하나의 의미만을 갖는다면, 이 세상의 사전은 그 두께가 어마어마할 것이다.

그래서 전주는 의미의 확장이라 말 할 수 있으며, 글자 하나가 두 개 이상의 의미를 갖게 되면서 한자는 글자의 개수를 무작정 늘리지 않아도 되었던 것이다.

한편, 회의는 [형부+형부]로서 '두 개의 글자가 결합'되어 원래 형부들의 의미와 연관되면서도 '새로운 의미'를 도출해 낸 반면, 전주자는 '단독의 글자'로서 '연관된 의미'가 확장된다. 그래서 전주는 전문적이며 회의와 차이가 있다.

사실 이 전주는 독체자였던 상형자의 기능을 확장시킨 것이라 보아

야 한다. 원래부터 상형자는 언어의 발음을 기록하기 위한 수단이었으나, 발음이 문자로 기록된 뒤에는 자연스레 그 문자에 하나 이상의 의미를 부여하게 되었고, 이는 의미의 확장이라는 기능을 갖게 되었으며, 오늘날 우리는 이 기능을 인신의引伸義라고 한다. 글자 하나는 개수로는 하나이되, 그 의미는 하나 이상인 1≧1의 개념이다.

建類一首 — (비슷한) 부류를 세우고 머리(부수)를 하나로 하여

同意相受 — 같은 뜻으로서 서로 받아들인다.

= **의미의 보편적 확대 1≧1**

6) 假借가차

六曰假借, 假借者, 本無其字본무기자, 依聲託事의성탁사, 令長是也.

여섯째는 **假借**가차이다. 가차란 본래 그 글자가 없으므로, 소리에 의거하여 일(의미)을 기탁한 것으로서, '**令**령과 **長**장'이 그것이다.

가차假借는 글자 그대로 임시 혹은 거짓으로 빌린 것이다. 가차의 가假에는 '①거짓 ②가짜 ③임시 ④일시 …… ⑧빌리다 ⑨빌려 주다'의 뜻이 있으며, 차借에는 '①빌리다 ②꾸다 ③기대다 ④꾸어주다 ⑤빌려주다 ⑥의지하다 ⑦가탁하다(假託~ : 거짓 핑계를 대다)'의 뜻이 있다.

이 두 글자를 합친 육서의 가차는 글자를 새롭게 만들어야 하는 번거로움 대신 이미 있는 글자를 거짓 혹은 임시로 빌린 것이다. 이때 '가차'한 것은 그 글자의 의미가 아닌 오로지 발음뿐이다. 이렇게 새롭게 '재탄생'한 글자의 '의미'는 새로운 의미가 필요했던 사람들의 약속에 의해 부여된다. 물론 영원이 아닌 '임시'이며, 참이 아닌 '거짓'의 의미이다.

허신이 예로 든 令령과 長장은 그 설명이 복잡하니, 대신 필자는 이해가 쉬운 來래를 예로 든다. 원래 來는 고대 자형 갑골문 금문 소전에서 보이듯이 소맥小麥 혹은 대맥大麥인 '보리'를 뜻하는 글자였다. 당연히 들판의 보리의 모습을 본뜬 상형자이다.

그런데 어느 날 사람들은 '오다'라는 의미의 글자가 필요했으나 게으른 그들은 '오다'라는 글자를 만들지 않았다. 대신 '보리'라는 글자의 발음이 '래'였기에 그들은 이 '보리'의 '래'를 '오다'의 '래'로 '잠시 빌려 쓰기로' 주위 사람들과 약속을 했다. 이들의 약속은 '잠시만 빌려쓰기'였으나, 사람들은 이 사실을 잊어버리고 '오랫동안 고정적으로' '보리'의 '래'를 '오다'의 '래'로 써버렸다.

빌려 쓰고 갚지 않은 것이다. 당연히 '보리'는 자신을 잃어버리는 지경에 이르렀다. 사람들에게 '보리'는 사라져 버린 것이다. 급기야 그들은 이미 굳어져버린 '오다'의 '래'는 그대로 쓰기로 하고 '보리'를 새롭게 만들게 된다. 소맥小麥을 뜻하는 보리 맥 '麥'맥과 대맥大麥을 뜻하는 보리 모 '麰'모이다.

허신의 『설문해자』에도 이에 대해 다음과 같이 언급하고 있다.

> "**來 : 周所受瑞麥來麰. 一來二縫, 象芒束之形. 天所來也, 故爲行來之來.**(주나라가 받은 것은 서맥과 래모이다. 하나의 보리에 두 줄기이니, 이삭 까끄라기의 모양을 본뜬 것이다. 하늘이 오도록 한 것이기에 '가고 오다'의 래가 되었다. 『설문해자 · **人部**』)

본래 보리를 본뜬 상형자였으나, 후에 '오다'의 의미가 된 이유까지 설명하고 있다. 허신의 이유는 보리는 하늘이 오도록 한 것이니 '오다'의 의미가 되었다는 것이나, 이는 가차가 된 과정을 그럴듯하게 풀이한 것이다.

허신이 예로 든 令령과 長장은 사실 그가 정의내린 '本無其字본무기자, 依聲託事의성탁사'와는 차이가 있다. 令령과 長장은 엄밀히 따지면 의미의 인신으로 보아야 한다. 소리의 가차는 아니다.

허신이 예로 든 令령은 본래 '명령하다'의 의미이나, 이것이 '관리' 혹은 '명령권을 가진 자가 사람을 모이도록 소집, 명령하다'라는 뜻으로 그 의미가 확장되었으며, 한대漢代에 만호萬戶 이상의 현縣에 현령縣令이라는 관리를 두었는데 이는 '令'령의 본래의 뜻으로부터 그 개념을 빌려왔다는 풀이이다.

長장도 마찬가지이다. 본뜻은 '오래고 멀다'이나, 역시 '관리' 혹은 한대에 만호 이하의 현에 현장이라는 관리를 두었는데 '長'장의 본래의 뜻으로부터 그 뜻을 빌려다 사용한 것이라는 풀이이다.

이상 令령과 長장에 대한 설명은 『설문해자주』說文解字注를 쓴 청대 단옥재段玉裁의 풀이[26]이나, 다소 억지스럽다. 令령과 長장은 本無其字본무기자가 아니기에 依聲託事의성탁사도 될 수 없다. '현령'이나 '현장'의 의미는 令령과 長장이 본래부터 갖고 있던 의미가 확장된 것이다. 인신의인 것이다.

사실, 허신의 本無其字본무기자, 依聲託事의성탁사는 가차의 의미를 정확히 설파한 풀이이다. 그 예가 잘못된 것이다.

26 원문은 다음과 같다.
段玉裁注云 : 如漢人謂縣令口令長, 縣萬戶以上為令, 減萬戶為長. 令之本義發號也. 長之本義, 久遠也. 縣令, 縣長本無字. 而由發號 · 久遠之義引伸展轉而爲之, 是爲假借.

앞에서 가차의 예로 든 來래는 후대의 학자들이 허신의 가차를 비판하면서 자주 드는 가차의 예이다. 이외에 가차의 예로 드는 글자로 其기가 있다.

키 [其]

其기는 현재 대명사 '그, 그것'의 의미로 자주 쓰이는데, 본의는 ① 키(곡식을 까부르는 데 쓰는 기구) ②삼태기(흙을 담아 나르는 그릇)이다.[27] 고대 자형 갑골문, 금문, 箕 𠀠 소전, 其예서 등을 보아도 키나 삼태기의 모양을 하고 있다. 소전의 상단에 竹죽과 하단에 丌(대 기, 其의 古字)가 있는 箕 자형은 키나 삼태기를 만든 재료와 받침까지 반영한 구체적인 모습이다. 허신은『설문해자』에 𠀠(說文 古文) 자형도 함께 게재하고 있다. 이들 고대 자형 모두는 결코 대명사 '그것'의 모양은 아니다. 아니, 대명사 '그것'의 글자는 아예 존재하지도 않았었다.

허신의『설문해자』에는 其기자 항목은 없고 대신 箕기자 항목만 있다.

> **箕 : 簸也. 从竹𠀠. 象形. 丌其下也. 凡箕之屬皆从箕.**
> **箕**는 키질하는 기구이다. **竹**죽과 **𠀠**기로 구성되었다. (**𠀠**는) 상형이다. **丌**기는 그 아래(받침)이다. **箕**부에 속하는 글자는 모두 **箕**의 의미를 따른다.

한대에는 이미 竹죽이 있는 箕기자가 통용되었음을 알 수 있다. 허신의 저서에도 其기 항목이 없고, 箕기 항목에도 其기의 '키'를 대체하여 箕기가 사용되었다는 언급도 없다. 결국 언제부터 其기가 '그것'의 의미로 사용되었는지는 그 시기를 특정하기에 어려움이 있다.

다만, 갑골문과 금문 자형은 여전히 竹죽이 없는 其기의 자형을 확인할 수 있기에 우리는 其기의 본의는 '키'였음을 확인할 수 있으며, 이 其기가 가차의 역할에 의해 '그것'의 의미로 사용이 되자 사람들은 잃어버린 '키'를 살리기 위해 箕기를 만들었을 것이라고 설명할 수 있다. '키'에게 본래의 의미를 돌려주는 대신 '竹'이라는 일종의 이자利子를 붙여 '키'의 의미를 되살린 것이다. 가차가 그렇다.

27 **키** : 중국어로는 簸箕[bò·ji] ①키 ②쓰레받기이다. 방언으로는 畚箕[běnjī]이다.

가차는 그래서 위험하다. 본래의 의미 대신 전혀 다른 의미로 사용하기 때문이다. 물론 처음에는 잠시 빌린 것이었으나, 그것을 되돌려 주지 않았다. 다른 의미로 사용한다는 약속을 모르면 본의래도 해석을 하기 때문에 문장의 의미가 전혀 달라진다.

하지만 가차는 상형자라는 한자가 본래 발음기호로 시작되었다는 것의 또 다른 증명이다. 원래부터 발음기호였기에 사람들은 망설임 없이 발음만 같으면 아무 의미나 부여해서 사용할 수 있었던 것이다. 상형자의 재활용이라 할 수 있다.

다만, 가차의 글자는 고대로부터 시간이 지날수록 그 비율이 줄어든다. 앞에서 말했듯이 아무리 발음기호라지만 한자는 그 모양을 반영한 글자이기에 사람들에게 혼동을 야기할 수 있기 때문이다.

현재 가차는 외국어의 표기에도 주로 사용된다.

예를 들면 소리를 빌린 경우인데, '佛'불은 본래 '어그러지다'의 뜻이었으나, 불교가 전래하자 'Buddha'와 음이 서로 같아 음역하는 방법으로 사용되게 되었다. 그래서 佛教불교의 '佛'불은 본뜻과는 관련이 없는 그 음만 빌린 표기이다. 이외에 可口可樂([kěkǒukělè] 코카콜라), 百事可樂([bǎishikělè] 펩시콜라), 唐纳德 · 特朗普([tángnàdé · tèlǎngpǔ] 도널드 트럼프), 意大利([Yìdàlì] 이탈리아) 등과 같이 많은 외국어의 음역들이 그 예이다.

형태를 빌린 경우도 크게 보아 가차의 현대적 용법으로 이해할 수 있다. 예를 들어 '弗'불의 본뜻은 '아니다'이나, 미국 화폐인 $와 모양이 비슷하여 'dollar'의 뜻으로 사용하는 경우이다.

이렇듯 표음부호로 만들어진 상형자는 자기의 모양이 나타내는 의미를 고집하지 않고 그저 발음만을 나타내는 부호로 얼마든지 사용될 수 있었다.

형성자의 성부는 사실 가차자의 기능을 상형자에 덧붙인 것이다. 형성자는 또한 성부인 가차자에 형부인 의미부호를 덧붙였다고도 볼 수 있다. 한자는 대단히 과학적인 조합이며, 결합이다.

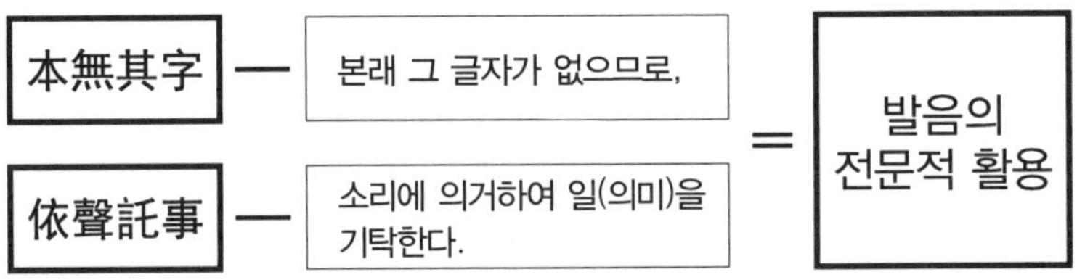

3. 육서에 대한 종합적 분석[28]

六書 文字	象形		指事		會意		形聲		轉注		假借	
漢字	畫成其物	隨體詰詘	視而可識	察而見意	比類合誼	以見指撝	以事爲名	取譬相成	建類一首	同意相受	本無其字	依聲託事
기능	取象 (대상의 특징을 파악) - 구상적 - 회화적 - 평면적	構形 (형체를 개념화함) 추상적 선형화에 성공	1차적 지시	2차적 지시	개념상 동일 범주	제3의 의미 도출	전체 주제 [형부+	세부 범위 (형부+성부)]	동일한 부류의 공통 요소	의미의 확장	해당 글자의 부재	발음으로 대체
	形象	典型	目睹	觀察	전제 1+1	결과 =3	제시	설명	전제 1⇆1	결과 1≥1	단점 0	극복 0≳1
특징	회화에 치중	표의에 치중	추상의 시각화에 성공		• 1[의미]+1[의미]=3[제3의 의미] 도출 성공 • 제3의 의미라는 것은 곧 轉注의 시작		• 1차 형성자 [형부+(형부+성부)] • ⇨ 2차 형성자 [형부+성부] • 회의의 조자단계와 거의 동시에 발생 • 조자의 수월함 • 한자의 장기 생명력 확보		상형(取象+構形) ⇨회의(1+1=3) ⇨전주(1≥1) • 상형의 본래 기능을 확장 • 의미의 확대적 활용		• 상형의 본래 기능을 재활용 • ⇨ 음성부호의 기능을 응용한 발상의 전환 • 발음의 독자적 활용	

문자의 시작	문자의 절정	문자의 완성
상형의 시작 예술의 시작	문자의 1차 혁명 (형성자의 발견)	문자의 2차 혁명 (상형자의 기능 확대 및 재활용)

구상적 의미의 시각화 ➜ 시각[구상]과 청각[추상]의 혼합 ➜ 추상적 의미의 청각화

28 이 「육서 종합 분석」은 필자의 저서 『이미지와 중국의 상형문자』(2014, 인터북스)에서 발췌 인용하였음.

육서六書를 처음부터 끝까지 일관되게 꿰뚫고 있는 것은 다름 아닌 상형象形이다. 상형의 능력이 지사와 형성에까지 두루 작용하고 있으니, 가히 상형은 만사형통이라 해도 과언이 아니다. 상형으로 문자를 시작했으니 이는 사실 당연한 일이기도 하다.

1) 문자의 시작

그런데 상형이 문자로 존립하기 위해서는 우선 취상取象과 구형構形

이라는 과정을 거쳐야만 한다. 취상取象은 개념을 문자화하고자 하는 대상의 특징을 면밀히 관찰하는 것으로부터 시작된다. 면밀히 관찰하되 간단하고 명료하게 그려내는 것, 이것이 구형構形이다. 구형이 복잡하면 문자로 사용하기에 적합하지 못하며, 구형이 애매하면 그 모양을 보고서도 여러 사람들이 동일한 개념을 유추하지 못한다.

그래서 회화적이며 평면적이었던 취상의 단계는 뜻밖에도 추상적인 선線으로 구현된다. 추상적인 개념을 직선과 곡선으로 그려냈다. 추상抽象의 선형화線形化에 성공한 것이다.

갑골문은 취상과 구형의 단계가 비교적 명료하게 구분된다. 취상의 단계라기보다는 구형의 단계에 접근하고 있기 때문이다.

그런데 이 상형象形은 한계에 부딪힌다. '위[上]'나 '아래[下]' 같은 추상적인 개념을 나타내기가 쉽지 않았다. 여타 문명권에서 동일하게 시작한 상형문자가 멸망한 이유이다. 그러나 한자는 이 난관을 극복했다. 구형構形의 단계에서 선線을 활용할 줄 알았던 조자자造字者들은 다시 한 번 선, 그리고 점을 이용했던 것이다. 지사指事는 추상적인 개념을 시각적으로 구현해 낸 멋진 승리의 결과물이었다.

여기까지가 문자의 시작 단계라 할 수 있다. 문자는 라스코 동굴의 예술과 함께 시작하였으며, 그 진정한 시작은 상형이었다.

2) 문자의 절정

개념의 상형에 성공하고, 그 한계를 극복한 조자자造字者들은 이제 '물 만난 고기'가 아니라 '선과 점을 만난 문자'처럼 상형을 자유스럽게 활용하기 시작했다. 개념1과 개념1을 더하되 개념2가 아닌 제3의 개념을 도출해 내는 방법이다. 사람[人]의 말씀[言]이되 마이크를 거치는 말이 아닌 신뢰, 믿음의 뜻이 그것이다.

이러한 의미의 확장은 사실 전주轉注의 시작이다. 그래서 전주는 육서 중에서 가장 늦게 출현한 것이 아닌, 이미 상형의 단계부터 본의와 그로부터 확장된 다른 의미를 부여할 줄 알았음을 증명하고 있다. 가차假借도 마찬가지이다. 형부와 성부의 결합으로 이루어진 형성자라는 것은 사실 성부를 전문적으로 활용한 가차를 이미 잉태하고 있었다.

그러나 이 회의는 치명적인 결함을 안고 있었다. 다름 아닌 발음의 상실이다. 의미의 활용과 확장에 치우친 나머지 상형 본연의 기능이었던 발음이 누락된 것이다. 얼굴과 이름을 모두 갖고 있었던 누군가가 이름을 잊어버렸다. 그 이름을 되돌려주어야 한다.

이때 조자자造字者들은 다시 한 번 기발한 방법을 찾아냈다. 의미와 의미의 결합이되, 한쪽은 의미만을 나머지 한쪽은 의미뿐만 아니라 발음까지 겸비한 부호를 사용하는 것, 이것은 의미를 광의廣義와 세의細義로 더욱 분명하게 할 뿐 아니라 발음까지 나타내고 있으니 그야말로 만능의 문자를 드디어 만들어 냈다고 할 수 있다. 이것이 바로 형성形聲이다.

이 형성이라는 방법은 조자 방법이 사실 대단히 단순하며 간결하다. 그래서 어떤 개념이라도 쉽게 만들어 낼 수 있다. 즉, 부수에 해당하는 개념을 왼쪽에 세우고, 그 개념의 발음에 해당하는 글자를 오른쪽에 붙이면 된다. 이때 오른쪽의 글자가 처음에는 발음뿐만 아니라 개념까지 담당하고 있었으나, 점차 조자의 수월함을 위해 개념의 중복은 포기하고 오로지 발음만을 담당하는 부호로 대체되었다. 혼자서 두 기능을 담당했던 부담을 두 부호가 나누어 분담하고 있다.

이러한 조자의 수월함은 한자가 미래에도 계속 활발하게 그 생명력을 유지할 수 있는 기반을 확보한 것이기도 하다. 사실 이 형성자의 기능 역시 상형의 의미와 발음이라는 기능을 전문적으로 조합한 것이다.

3) 문자의 완성

드디어 문자는 절정을 넘어 완성의 단계로 접어든다. 이미 상형의 기능을 전문적으로 조합하는 형성의 단계를 터득한 조자자造字者들은 의미와 발음을 각각 확장시키고 독자적으로 활용하기에 이른다.

더 이상 새로운 글자를 만들 필요가 없게 된 것이다. 이미 존재하고 있는 글자에 의미를 확장시키는 것이 전주轉注이며, 발음만을 따로 떼어내서 활용하는 것이 가차假借이기 때문이다.

그래서 전주는 본래 1의 의미였던 것이 1보다 더 많은 개념을 갖게 되었으며, 가차는 본래 음성의 부호로 기록하였던 모양을 발음으로만 사용할 수 있게 되었다.

제2장 부수는 검색엔진이다.

제1절 부수部首는 검색엔진이며, Mind Map이다!

네이버나 다음Daum, 구글Google 등 포털사이트에서 원하는 키워드를 입력하고 검색 결과를 기다리면, 곧 수많은 결과가 우리에게 제공된다. 우리는 맨 첫줄의 결과에 무의식적으로 마우스를 움직인다.

한자는 그 개수가 많다. 청대에 출간된 『강희자전』康熙字典(1716년)에 수록된 글자 수는 약 4,7000자이다. 전자사전이나 어플(application)로 사전이 나오기 전 한국인들이 자주 사용하였던, 지금은 헌책 전문서점의 희귀본에서나 겨우 찾아 볼 수 있는 한자 자전인 민중서림의 『한한대자전』[1]漢韓大字典의 수록 글자 수는 약 1,2000자이다.

청(淸) 강희(康熙) 55년(1716) 출간, 전 42권.
강희 황제의 칙명을 받아 약 30명의 대학자가 5년에 걸쳐 완성하였다.

정보의 바다인 인터넷보다는 경우의 수가 적지만, 4,7000자나 1,2000자 가운데 한 글자를 찾기란 오히려 인터넷에서 어느 한 정보를 찾는 것보다 더 어렵다. 훨씬 어렵다. 이 문제를 풀어야 한다. 어떻게 풀어야 할까? 누구였을까? 그는 아마도 최초로 자전을 만든 사람이었을 것이다.

허신許愼이다. 한대漢代에 살았던 그는 『설문해자』說文解字라는 이름으로 한자의 역사상 지금의 자전과 유사한 자전을 처음 만들었다. 그는 인터넷의 창시자인 아무개[2]와 마찬가지로 수많은 정보를 사용자, 즉 검색자들에게 제공하였을 뿐만 아니라 그 수많은 정보 가운데에서

1 『한한대자전』의 초판은 1966년에 나왔으며 두 번의 개정을 거쳐 현재에도 제3판이 판매되고 있다.

초판

제3판

2 WWW(World Wide Web)로 시작하는 인터넷 웹 사이트의 창시자는 (이 책에서 그다지 중요하진 않지만) 영국의 컴퓨터 공학자 Tim Berners Lee이다.

유독 그 어느 '누군가'가 찾고자 하는 그 '특별한' 정보[=글자]를 찾을 수 있도록 도와주어야 했었다.

'괜한, 쓸 데 없는 짓'을 한 것이었을까?

그 인터넷 창시자(Tim Berners Lee)는 인터넷이 당초 민주주의 · 인본주의 확산에 기여하리라 생각했던 기대와는 달리 개인정보의 유출, 거대 기업의 정보와 이익의 독점, 대중 감시, 가짜 뉴스 등의 폐해를 양산하자, 인터넷을 아인슈타인의 원자폭탄에 비유하면서 개탄하였다고 한다. '괜한, 쓸 데 없는 짓'을 하였다고 자평한 것이다. 그러나 그것은 '정보의 두 얼굴'을 인정한 것에 다름 아니다.

시始황제의 진秦을 이어 중국이 바야흐로 실크로드를 개척하고 세계로 뻗어갈 수 있는 기틀을 마련한 한漢(기원전 206~기원후 220년)나라, 그 후반기에 살았던 허신許愼(기원후 30~124년)은 어땠을까?

허신은 『설문해자』를 평생에 걸쳐 집필한다. 병환이 들 때까지 붓을 놓지 않았으나, 그러나 결국 탈고를 하지 못했다. 자칫 '괜한, 쓸 데 없는 짓'을 시작하였다고 후회하였을지도 모를 일이다. 그러나 인터넷이 정보의 바다라는 사실을 부정할 수 없는 것처럼 『설문해자』도 당시엔 정보를 최첨단의 방식으로 집약해 놓은 결과물이었다.

당시에 경전을 읽고 관리가 되기 위해서 반드시 알아야 할 대상인 '한자'의 원리와 구조를 설명해주고 나아가 그 글자들의 뜻을 해설한 책! 문자를 설명하고 해설도 하였으니, 책 제목이 '文문은 설명하고 字자는 說解설해한다'라는 의미의 『說文解字』설문해자이다. 책 제목도 잘 지었다. 즉, 최초의 근대식 자전字典인데, 그 역할과 용도를 책 제목에 적절히 반영하였다.

이 자전의 수록 자수字數는 당시에 사용된 한자의 거의 모든 개수라 할 수 있는 9353자인데, 이 글자들의 구조와 뜻을 설명하고 풀이한 것이다. 그러나 그는 다시 중요하고도 반드시 풀어야 할 문제에 봉착한다. 인터넷을 자유자재로 서핑surfing하듯이 만여 자에 달하는 9353자 가운데 한 글자를 '쉽게' 찾을 수 있는 방법을 제시해 주어야 하는 문제!

부수部首는 검색엔진이다. 그는 부수법을 처음 개발한다. 인터넷의 정보를 '링크'link라는 방법으로 확장해 가듯이, 허신도 먼저 부수를 '링크'하여 내가 찾는 글자로 확장해 갈 수 있는 방법을 찾아내는 데 성공한다.

부수는 링크이며, 자전은 글자들의 집합체인 Web 즉, 거미집과 다르지 않다. 한편 컴퓨터가 없는 기원후 100년의 시기에 허신은 '링크'와 '마인드 맵'을 십분 활용하였다.

즉, 허신은 여러 글자들[=部, 사방에 흩어져 있는 수많은 정보] 가운데 대표의 모양 하나를 골라 우두머리[=首, 링크]를 정하였다. 반면, 글자를 검색하는 사람들은 허신과는 역순으로 자신이 찾고자 하는 글자의 부수를 추정한 다음, 그 부수가 거느리고 있는 여러 글자들 가운데 자신이 찾고자 하는 글자를 찾아가는 방법이다.

그런데 허신은 부수를 540개나 세웠다. 적지 않은 개수이다. 그래서 또 다른 장치가 더 더해진다.

이 540개의 부수들은 각각의 형체와 의미에 따라 마치 540명의 배우가 등장하는 대하소설大河小說 혹은 드라마처럼 내가 찾고자 하는 부수가 어느 부분에서 등장하는가를 유추할 수 있게 하였다. 14막 540장 9353개의 스토리텔링이며, 마인드맵과 같다. 다음의 예를 보자.

『설문해자』권1에 수록된 14개의 부수인 一일부터 丨곤까지의 부수

배열은 형체적 연관성이 충분히 발휘되고 있다. 동시에 의미적 연관성도 매우 밀접하다. 제1부수부터 제14부수까지를 형체에 의거하여 배열하면 다음과 같다.

아래 부수는 얼핏 그 모양만 보아도 앞뒤로 서로 비슷한 모양이 계속 이어지고 있음을 알 수 있다. 그래서 위 부수의 순서는 형체의 연관에 의한 배열이다. 형체에 의한 '마인드맵'이라 할 수 있다.

부수	앞뒤의 부수가 공유하고 있는 형체
제 1부수 一일	
	一
제 2부수 丄상	
	二
제 3부수 示시	
	示의 아랫부분
제 4부수 三삼	
	三
제 5부수 王왕	
	三
제 6부수 玉옥	
	玉
제 7부수 玨각	
	제4부수 三과 유사한 형체
제 8부수 气기	
	一(제1一부터 제3三까지의 공통형체)
제 9부수 士사	
	제5와 제6부수인 王 및 玉과 공통형체
제10부수 丨곤	
	丨
제11부수 屮초	
	屮
제12부수 艸초	
	艸
제13부수 蓐욕	
	艸
제14부수 茻망	

이뿐만이 아니다. 부수는 의미의 연관으로도 이어진다.

一일 [하나] : 하늘과 땅 즉 만물은 一일로부터 시작한다.

丄상 [위=上의 古文] : 만물의 시작인 一일의 위에 한 획을 더하여 하늘 즉 '위'라는 의미를 나타냈으며,

示시 [보이다]: 하늘이 해 · 달 · 별(日일 · 月월 · 星성)의 세 가지 빛을 내려 사람에게 길흉의 조짐을 드리워 '보여주고' 있으며,

三삼 [셋]: 하늘과 땅과 사람「天천 · 地지 · 人인=三才삼재」의 도리(道도)가 '셋'이며,

王왕 [임금] : 이 세 가지에 통해 연결해 주는 사람이 '王왕'이며,

玉옥 [옥] : 인자함(仁인)과 의리(義의)와 지혜(智지)와 용기(勇용)와 깨끗함(絜결=潔결)의 상징이 '玉옥'이며,

珏각 [쌍옥] : 이러한 옥을 두 개 합쳐 놓은 것이 '쌍옥'이며,

气기 [구름 기운=氣] : 신성한 옥은 구름이 피어나는 '기운'과 함께 하며,

士사 [선비] : 그러한 임금을 섬기는 사람이 '선비'이며,

丨곤 [위아래가 통함] : 이러한 것들은 모두 위아래가 '통'해야 하며,

……

이는 의미에 의한 '마인드맵'이라 할 수 있다. 비록 위의 스토리에서 丨곤 다음의 屮초(屮+屮=艸초)처럼 매끄럽게 이어지지는 않는다. 540개의 스토리가 완벽하게 이어지기란 쉽지가 않았을 것이다. 허신은 이 부수들의 스토리에 대해 언급하지 않았으며, 위의 스토리 구성은 후대의 사람들이 추측한 것이다.

결과적으로 부수는 그래서 중국 고대古代의 '링크'Link이며, 한대漢代의 '마인드 맵'Mind Map인 것이다.

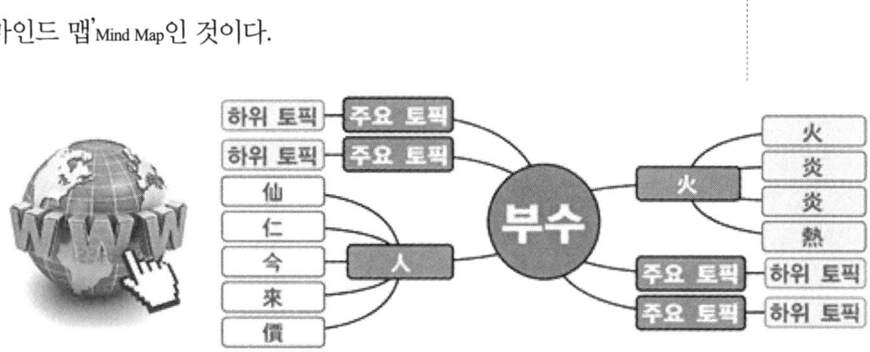

제2절 부수의 탄생과 부수 설정의 방법

부수는 허신이 만든 것이라 앞에서 말했지만, 이는 누군가 '만든' 것이라는 의미이다. 즉, 최초로 부수를 만든 허신은 어떻게 부수를 만들었는지 그 배경을 보면 사뭇 진지하고 그 방법이 체계적이다.

부수라는 방법이 있기 전, 그리고 『설문해자』라는 책이 있기 전 한대 초기에 『이아』爾雅라는 책[1]이 있었는데, 책 제목의 뜻은 '[雅]표준어에 [爾]가깝게 풀이한다'이며, 여러 경전에 실려 있는 단어들과 당시의 일상어를 그 대상으로 하고 있기에[2] '표준 전과사전'쯤으로 이해하면 된다.

『이아』爾雅는 주제별로 글자들을 모아 놓았다. 그래서 '동의어 사전'이자 언어 해석 사전이며, 중국에서 뿐만 아니라 세계에서 가장 오래된 백과사전이다. 당시 사람들은 이 책을 지식인이 되기 위한 필독서로서 소중히 여겼으며, 송대宋代에 와서는 13경전의 하나로 인정하였다.

현재 우리나라 Naver의 '지식iN'과 세계 각국의 언어로 번역되고 있는 위키의 위키위키wikiwiki를 이용한 '위키백과'(Wikipedia)[3]도 여러 사람이 공동의 관심사를 함께 풀이하는 일종의 Open Dictionary이자 Free Encyclopedia인 것과 유사하다. 중국은 그것을 약 기원전 2세기(전국시대 말기에서 한대 초기 사이)에 완성해 버린 것이다.

지식iN

WIKIPEDIA
The Free Encyclopedia

1 『이아』의 저자와 성립연대는 분명하지 않다. 다만, 저자로는 춘추전국시대의 성인인 주공(周公), 그리고 공자孔子와 그의 제자인 자공(子貢) 등이 거론되며, 성립연대는 이들이 살았던 전국시대 말기에서 전한(前漢)의 무제(武帝) 사이로 추측하고 있다.

2 주제별로 다음과 같이 19편으로 이루어져 있다.
①釋詁(석고) ②釋言(석언) ③釋訓(석훈) ④釋親(석친) ⑤釋宮(석궁) ⑥釋器(석기) ⑦釋樂(석락) ⑧釋天(석천) ⑨釋地(석지) ⑩釋丘(석구) ⑪釋山(석산) ⑫釋水(석수) ⑬釋草(석초) ⑭釋木(석목) ⑮釋蟲(석충) ⑯釋魚(석어) ⑰釋鳥(석조) ⑱釋獸(석수) ⑲釋畜(석축)

3 위키백과(Wikipedia, 위키피디아)는 위키미디어 재단이 운영하는 위키위키(wikiwiki)를 이용한 백과사전 프로젝트이다. 사전 프로젝트 중 단일 프로젝트로는 세계 최대 규모인 위키위키다.
한마디로, 위키의 '누구나 쓸 수 있고, 수정 가능하다'는 특성을 이용해서 대규모의 백과사전을 만드는 프로젝트이다.

글자를 분석하고 해설하는 자전인 『설문해자』를 집필중인 허신은 자신의 책에 실린 9353자를 어떤 순서로 배열하여 사람들이 찾고자 하는 글자에 곧바로 도달할 수 있게 할까라는 중요한 문제에 봉착하게 된다. 글자는 많은데 특정의 글자를 찾기가 어렵다면 이는 자전의 역할과 기능을 갖추기 못한 것이며, 마치 '글자의 무덤'과도 같을 것이다.

앞에서도 말했듯이 허신은 부수를 처음 만들었지만, 그 방법에 대해선 설명하지 않았다. 다만, 『이아』를 허신도 당연히 보았을 것이기에, 지금 추측하건대, 허신은 이 『이아』가 주제별로 글자들을 모아 배열한 것이기에 사람들이 우선 자신이 찾고자 하는 글자가 대략 무슨 의미인가를 알고서 그 주제가 실린 편編을 뽑아 글자를 찾아가는 구조임을 알고 있었을 것이 분명하다.

예를 들면 『이아』의 '나무'에 대해 풀이한 14편 「석목」釋木에 모두 108개의 나무에 관한 글자들이 실려 있는데, 그 일부를 보면, 稻(가나무 도=山榎)[4], 栲(북나무 고=山樗), 柏(나무 이름 백=椈), 髡(머리 깎을 곤=梱), 椵(나무 이름 가=柂), 梅(매화나무 매=枏), 柀(나무 이름 피=煔), 櫠(큰 유자 폐=椵), 杻(감탕나무 뉴=檍), 楙(무성할 무=木瓜), 椋(푸조나무 량{양}=即來), 栵(산밤나무 렬=栭), 檴(피나무 확=落), 柚(유자나무 유=條), 時(때 시=英梅), 楥(느티나무 원=柜柳) 등으로 계속 이어진다. 위의 괄호 안의 어렵기 그지없는 글자들은 해당 글자에 대한 풀이인데, 우리는 지금 그 의미를 알 필요는 없다. 다만, 時시를 제외하곤 모든 글자들에 하나같이 '나무 木목'이 들어있다는 것에 유의하면 된다.

그렇다! 이 「석목」釋木은 '나무 木목'을 주제로 하고 있으니, 나 허신은 이 '나무 木'을 대장으로 삼고, '나무 木목'을 따르는 글자들을 그 부하로 배열하면 그만이다.

『이아』는 미리 그 글자의 뜻을 대략적이나마 알아야 하는 치명적인

일찌감치 부터 많은 사람들이 위키위키에 익숙했던 영어권에서는 짧은 시간 안에 엄청난 양의 정보가 모여 세계 최대의 백과사전이 완성되었고, 구글 검색에서도 특별한 예외가 없는 한 최상위에 위키백과의 문서를 보여준다. 위키위키란 문서의 편집 권한이 모든 사람에게 부여된 웹사이트들을 뜻하는 말이다. 잘 알려진 위키피디아와 우리나라의 나무위키 등이 이에 속한다.
어느 누구나 자신이 가진 지식을 활용하여 위키에 기여할 수 있다. 그야말로, 인간 집단지성의 정수를 보여주는 사례이다.
위키(wiki)는 하와이어로 '빨리', 'wikiwiki'는 '빨리빨리'라는 뜻이다. (나무위키 참조)

4 괄호 안의 글자들은 해당글자에 대한 풀이이다.

단점이 있었지만, 이제 사람들은 글자의 뜻을 미리 알지 못해도 된다. 그저 어떤 글자에 '나무 木목'자가 들어 있기만 하면, 망설임 없이 대장 '나무 木목'을 찾아가 무슨 나무인지 몰랐던 '나무 木목'의 부하들인 楢(가나무 도), 栲(북나무 고), 柏(나무 이름, 측백나무, 잣나무 백), 髡(머리 깎을, 나무의 가지를 칠 곤) 등이 어디에 있는지 찾기만 하면 되는 것이다. 부수의 탄생이다.

『이아』는 19편인데, 앞 세 편을 제외한 나머지 16편은 마치 16개의 부수인 것과 비슷하다. 그런데, 이 부수를 허신은 540개나 세운다.

제3절 부수의 단점과 보완

1. 개수는 적절한가?

부수 540라는 개수는 많은가? 적은가? 부수의 개수에 대한 이야기이다.

현재 (우리가 자주 쓰거나 보지는 않지만) 일반적인 자전의 부수는 214개이다. 앞에서 잠깐 언급한 『강희자전』康熙字典(1716년)을 만들면서 새롭게 정립한 214개 부수를 채택하였다. 『강희자전』은 약 4,7000자를 수록하고 있고, 『설문해자』는 9353자를 수록하고 있다.

『설문해자』 부수 일부분

『설문해자』 540부수 : 9353자 = 1부수 : 17.3자

『강희자전』 214부수 : 4,7000자 = 1부수 : 219.6자

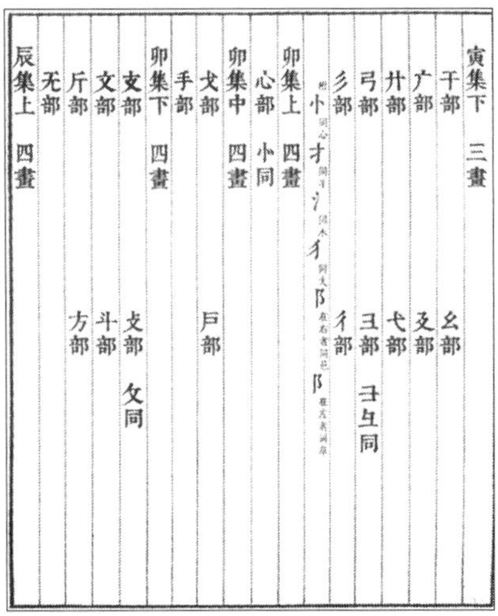

『강희자전』 부수 일부분

『설문해자』는 대장 한 명에 부하가 17명, 『강희자전』은 대장 한 명에 부하가 219명이다.

가장 최근에 정립된, 그래서 『강희자전』의 214개 부수의 수가 적절하다고 인정한다면, 허신의 540개 부수는 (상대적이건 절대적이건) 그 수가 너무 많다. 역으로 말한다면 한 개의 부수에 속한 글자가 너무 적은 것이다. 9천여 부하 중 한 명을 찾기 위해 대장 540명 가운데 한 명을 우선 골라야 하는 어려움이 있기 때문이다.

반면, 현재 출간되는 한자 사전의 기준이 된 『강희자전』의 214명의 대장이 거느리는 부하 219명은 그 수가 너무 많다. 우리는 기껏 '나무 木목' 대장을 찾아 갔지만, 219명의 부하 가운데 다시 하나를 찾아야 하는 번거로움이 있는 것이다.

이 문제를 해결할 방법은? 없다.

2. 모양은 문제가 없는가?

다만, 현재 대부분의 자전이 214개 부수를 그대로 따르되, 일부 혼동되는 부수는 친절하게도 변형된 모양의 부수를 병기하거나 페이지를 표기해서 자전을 이용하는 사람들의 불편을 그나마 줄여주고 있다. 우리나라에서 일반적으로 사용되는 자전[1]을 대상으로 몇몇 예를 보면 다음과 같다.

1획 : 乙 새 을[乚]
2획 : 人 사람 인[亻 사람인 변], 刀 칼 도[刂 선칼도 방],
卩 병부 절[㔾]
3획 : 尢 절름발이 왕[兀, 尣], 巛 개미허리변 천[川]
4획 : 心 마음 심[忄, 㣺 심방 변], 手 손 수[扌 재방 변],
攴 등글월문[攵], 水 물 수[氵 삼수 변], 火 불 화[灬],
爪 손톱 조[爫], 牛 소 우[牜],
犬 개 견[犭 개사슴록 변]
5획 : 示 보일 시[礻]
6획 : 肉 고기 육[月 육달월 변], 艸 초 두[艹], 衣 옷 의[衤]
7획 : 辵 쉬엄쉬엄 갈 착[辶 책받침], 邑 고을 읍[阝]
8획 : 阜 언덕 부[阝]

즉, 4획의 心심이 志(뜻 지), 忠(충성 충)일 때에는 모양이 변하지 않지만, 快(쾌할 쾌), 性(성품 성), 怪(기이할 괴), 怯(겁낼 겁), 恨(한할 한), 悅(기쁠 열), 悟(깨달을 오), 悔(뉘우칠 회), 情(뜻 정)일 때에는 그 모양이 忄(심방 변)으로 바뀌며, 恭(공손할 공)은 㣺(심방 변)으로 바뀐 모양이다.

이러한 사실을 [悟] 깨달았으니 [悅] 기쁜 일일까? 아니면 이렇게 모양이 변한 것에 대해 [恨] 한탄 해야 하나, 혹은 [恭] 공손히 받아들여야 하나?

구체적인 예를 더 보겠다.

追憶추억을 찾고자 자전에서 부수를 먼저 찾으려면, 아련한 옛 '추억'을 더듬어야 할지도 모른다. 현재의 모양으로 변하기 전의 모양을 기억해 내야하기 때문이다.

追(쫓을 추, 부수 辵)
憶(생각할 억, 부수 心)

追추는 얼핏 보아 부수가 辶(책받침) 같은데, 불친절한(?) 자전에 3획의 辶착은 없다. 辶착은 辵(쉬엄쉬엄 갈 착)의 변형된 모양이기 때문이다. 이 사실을 미리 알고 7획의 [辵]착으로 가야만 하는 것이다. 憶억도 3획의 忄(심방 변)이 아닌 4획의 心(마음 심)으로 시작해야 한다.

邑(고을 읍)과 阜(언덕 부)는 더욱 심각하다. 변형된 모양이 邑읍은 [阝]로, 阜부는 [阝]로 바뀌었기 때문이다. 다만, 그 위치가 좌우로 다를 뿐이다. [阝]은 那(어찌 나), [阝]는 院(담 원)이 그 예이다. 하지만 변형된 모양이 邑읍인지 阜부인지를 처음부터 판단하기는 숙달되지 않고서는 쉽지가 않다. 필자도 그렇다.

위와 같은 현상이 발생한 이유는 한자의 모양이 변한 까닭인데, 제

혼자 있을 때와는 달리 다른 글자와 결합할 때 어울리는 모양으로 변했기 때문이다.

위의 설명처럼 하나의 부수가 다른 글자와 결합하면서 생긴 혼동을 그 변한 모양을 부수표에 병기함으로써 혼동과 불편함을 일부 해소했다고 할 수 있다. 그러나 사실, 모양이 변한다는 것을 미리 알지 않으면 자전을 찾다가 앞뒤 페이지를 오가며 시간을 허비하게 되고, 결국 원하는 글자를 찾지 못해 자전을 던져버리고 싶을 것이다.

그래서 사람들은 부수 이외의 방법을 찾기 시작한다.

3. 부수 이외의 방법

부수법은 사실 완벽하다고 말하기 어렵다. 한자에서 부수를 찾기가 쉽지 않기 때문이며, 설령 부수를 안다 하더라도 그 부수 아래에 속한 또 다른 많은 글자들 가운데에서 하나를 찾기가 (복잡한 규칙이 있긴 하지만) 여전히 시간이 걸리는 작업이기 때문이다.

1) 총획색인

그래서 사람들은 우선 부수를 몰라도 글자를 찾을 수 있는 가장 단순한 방법을 고안해 냈다. 바로 필획수 검색이다. 우리나라 자전에서는 일반적으로 총획색인이라 부른다.

즉, 어떤 글자의 총획수를 무조건 세는 것이다. 그리고 자전의 부록으로 실려 있는 총획수 색인에서 그 글자를 일일이 찾으면 된다. 다만, 그 글자가 지시하는 페이지로 다시 이용해야 한다.

그러나 자칫 앞에서 본 辶(책받침)이 2획인지, 3획인지 헷갈릴 수 있으며, [阝(邑)읍]과 [阝(阜)부]도 마찬가지이다.

한 번 시도 해 보면 다시는 자전을 펴고 싶지 않을 것이다.

2) 자음색인

총획색인은 너무 귀찮으니, 글자의 발음 즉 독음讀音을 아는 경우엔 역시 자전의 부록에 있는 자음색인으로 가서 해당 글자를 찾아 그 글자의 페이지로 이동하면 된다.

우리나라는 당연히 한글로 된 한자의 독음이다. 그러나 중국은 1949년 중화인민공화국을 성립한 모택동毛澤東의 1958년 중국적 자존심을 무릅쓰고 26개의 서구식 알파벳을 기초로 해선 만든 한어병음방안[2]漢語拼音方案으로기록된 알파벳 발음으로 검색한다.

대만은 장개석 정부가 대만으로 이주하기 전에 이미 한자의 발음부호인 주음자모[3]注音字母(나중에 명칭이 주음부호로 바뀜)를 만들었고, 대만 즉 중화민국은 현재까지도 여전히 주음부호를 사용하고 있다. 발음체계에 있어서 한어병음방안은 실제 발음과 일치하지 않는 표기가 많은 반면, 한자의 필획을 이용하여 만든 주음부호는 실제 발음과 완벽하게 일치한다.

3) 사각호마법(四角號碼, Four-Corner Method)

우리나라와는 달리 한자를 날 것 그대로 일상에서 사용해 온 중국은 독특한 검색법을 개발하였다.

2 **한어병음방안**(汉语拼音, Hànyǔ pīnyīn) : 한자의 발음을 로마자로 표기하는 발음부호이다. 로마자란 다름 아닌 유럽 여러 나라를 중심으로 국제적으로 널리 쓰이는 알파벳 26자를 말한다.
한어병음은 성모(聲母) 21개, 운모(韻母) 15개로 구성되어 있다.
중국의 문자개혁위원회는 1956년 한어병음방안을 채택해 사용하게 되었으며, 1979년에는 중국어의 로마자 표기에 관해서, 번역된 모든 외교문서와 외국어 출판물은 영어권 국가들에 대해서는 병음자모를 쓰도록 규정하였다.
이 병음방안의 채용으로 중국은 문맹률을 낮추고자 하였으며, 현재 인명과 지명 등의 표기도 표준화할 수 있게 되었다. 汉语拼音字母(한어병음자모)라고도 한다.

3 **주음부호**(注音符號) : 한어병음방안이 대륙 중화인민공화국의 발음부호라면, 주음부호는 그 이전의 중화민국에서 사용하였던 발음부호이다.
민국 7년(1918)에 공포하였다. 한어병음방안이 로마자를 채택하였다면, 주음부호는 한자의 형태를 그대로, 혹은 다소 변형시킨 모양의 부호이다. 고대의 반절법(反切法)에 의한 자음+모음의 방식이다.

사각호마四角號碼라는 방법이 그것이다. 이 방법은 우선, 한자의 기본적이진 않지만 다른 모양과 변별되는 원초적인 모양의 필획을 10개로 분류한다. 즉, 글자를 쪼개는 것, 파자破字하는 것이다.

여기에 0부터 9까지 숫자를 붙인 후, 그것을 좌상左上, 우상右上, 좌하左下, 우하右下 모퉁이[=角]의 Z자 순서대로 번호를 붙여 특정 한자를 숫자로 표기한다. 즉, 글자를 인코딩Encoding하는 방법이다.

우리말로는 '네 모퉁이 번호' 정도로 번역할 수 있겠다. 영어로는 Four-Corner Method 혹은 Four-Corner System이라고도 한다.

그러나 이 방법은 기본 자형과 번호를 암기해야 하는 불편함이 있으며, 또한 세부적인 규칙이 있어서 결코 쉬운 방법이 아니다. 하지만 장점도 무시할 수 없는데, 발음에 의존하는 검자 방법보다 빠르다. 한 글자를 최대 다섯 개의 숫자로 쪼갤 수 있기 때문이다.

간단한 예시만 제시하겠다.

번호	명칭	설명	기본 자형	예자
0	頭두	머리 모양	亠	言 0060_1
1	橫횡	가로 모양	一 乚	兀 1021_0
2	垂수	세로 모양	丨 丿 亅	行 2122_1
3	點점	점 모양	丶	勺 2732_0
4	叉차	교차하는 모양	十 乂	教 4844_0
5	插삽	끼워 넣은 모양	扌	找 5305_0
6	方방	네모 모양	口	召 1760_2
7	角각	각진 모양	ㄱ「」ㄴ	凸 7777_7
8	八팔	八자 모양	八 丷 人	坐 8810_4
9	小소	小자 모양	小 忄 ⺌	悄 9902_7

* 예자의 다섯 번째 작은 숫자는 더 세밀한 분류를 위해 부가된 숫자이다.

이 사각호마법은 초기에는 널리 사용되었으나, 부수법이 이 보다 더 수월하기에 현재는 소수의 대형자전에만 부록으로 달려있다.

4. 그러나 우리는 Paper Dictionary를 쓰지 않는다.

현재 우리 주변에 자전은 없다. 대신 스마트폰이 있다. 찾고자 하는 글자를 쉽게 찾을 수 있다. 사실 스마트폰에 수많은 자전 어플이 있지만, 그걸 사용하지도 않는다. 한자를 찾지 않아도, 한자를 몰라도 그저 일상생활에 지장만 없으면 된다.

그러나 부수를 이해한다는 것은 한자의 구조 원리를 아는 것이며, 이는 한자가 확장되기 위한 기본을 장악하는 것이기에 문자학적으로 대단히 중요하다. 비단 학문적인 이유에서 뿐만 아니라 우리 일상생활에서 사용하는 일반적인 어휘가 대부분 한자어이기에, 그것들을 (암기가 아닌) 이해하고 활용하는 데 더없이 필요하다. 우리가 부수를 이해하고 장악해야 하는 이유이다.

이처럼 부수법이라는 기본적인 한자의 검색법 이외에 여러 방법이 있다는 것은 아이러니하게도 한자를 검색하는 완벽한 방법, '그것' 하나가 없다는 것이다. 한자를 써 온 사람들에게 그래서 이 한자라는 글자는 애증이 교차하는 대상이자 존재이다. 애증愛憎, 사랑과 증오.

반면, 한글은 그렇지 않다. 오직 하나만 있다. 발음이 그것이다.

이 이야기는 이렇다.

부수는 필요한 존재이긴 하다. 한자의 의미를, 그것도 기본적인 의미를 담당하고 있기에 필요하며, 다른 기본 글자들[부건部件][4]과 결합하여 또 다른 의미를 만들어 내기에 중요하다.

그러나 부수는 이미 원래의 의미를 담고 있었던 고대 자형의 모양에 비해 그 모양이 많이 변하였고, 214개의 개수도 적절한가의 여부는

4 **부건**(部件) : 자형을 이루는 최소의 단위이다. 즉, 부건은 한자의 모양을 구성하고 있 는 기본단위이며, 한자를 그룹화하는 기능을 한다.
대부분의 부건은 필획의 조합으로 이루어져 있으며, 필획과 부수의 사이에 있다고 할 수 있다.
이 부건에 대한 연구는 고대에도 있었지만, 손으로 글자를 쓰던 시기에는 그다지 중시되지 않았다.
그러나 한자를 Database화하고 Digital화하는 과정에서는 대단히 중요하다. 한자를 컴퓨터에서 구현해야 하기 때문이다.

정답이 없다. 해당 글자를 찾기가 어렵다는 말이다. 결국 부수는 장점과 단점을 모두 갖고 있는 존재인데, 우리는 이것만 알면 된다.

부수는 다른 글자들과 조합하는 가장 기본적인 요소이며, 마인드맵처럼 그 의미가 확장될 수 있다는 것이다. 이 원리를 아는 것이 중요하다.

제3장 한자 단어

제1절 한자, 한문 그리고 한문법

'한자'는 글자 그대로 '글자'이다. 다만, '한족漢族의 글자'라는 뜻이다. 영어의 letter, character에 해당한다. 한편, '한'漢은 중국인들이 가장 영광스러웠던 왕조로 여기는 한나라를 의미하며 동시에 중국 전체를 가리키는 표현이기도 하다. 한자가 처음 만들어진 갑골문 시기에는 '자'字라고만 표기하다 훗날 '한'漢이 더해진 것이다.

한문은 글자, 즉 한자로 이루어진 문장이다. sentence이다. 이 한문은 표의문자인 한자들이 모여서 만들어진다. 이때 글자들은 일정한 규칙에 기반하여 순서에 따라 배열해야 한다. 이것이 한문법이다.

한문법은 한문이 이루는 법이다. grammar이다. 이 문법이 다루는 분석 대상은 형태소[morpheme], 단어[word], 구[phrase] 그리고 문장[sentence]이다.

한자와 한문은 우리말의 '글자'[letter]와 '글'[sentence]의 차이와 같다. 그런데 우리는 일상생활에서 이 '한자'와 '한문'이라는 용어를 구분하지 않고 대부분 '한문'이라 표현한다. 엄격히 따지면 오류이긴 하다. 세종이 만든 '한글'은 글자이기에, 이것을 문장[sentence]이라 부르면 안 된다. 같은 이치이다.

우리는 이 시간에 한문법의 구체적인 내용이 아닌, 글자들이 모여 단어를 이루는 방법에 국한하여 설명하고자 한다. 특히 실생활에서 사용되는 한자 단어들을 예로 들을 것이다.

제2절 한자 단어의 구조

1. 단음절어

한자 단어는 '한자어'라고 부를 수 있다. 우리말의 구조에서 한자로 이루어진 단어를 말하기 때문이다.

그런데 한자는 단음절어單音節語[monosyllabic word]이다. 단음절어란 하나의 음절로 이루어진 단어란 뜻이다. 음절[syllable]이란 발음의 최소단위이다. 쉽게 설명하면 모음 하나가 발음 안에 존재하면 곧 1음절이 된다. 이 모음의 앞뒤로 하나 이상의 자음과 결합하거나 그렇지 않을 수 있는데, 자음과 결합하였더라도 어쨌든 모음은 하나이니 이 이들 모두 1음절이다. 그 예는 다음과 같다.

음절			예		
			영어	한글	한자어
	모음(V)		a	아	아(我)
자음(C)	모음(V)		ga	가	가(家)
	모음(V)	자음(C)	an	안	안(安)
자음(C)	모음(V)	자음(C)	gang	강	강(江)

V : Vowel C : Consonant

각 언어는 고유한 음절구조를 가지는데, 자음子音[consonant]+모음母音[vowel], 곧 'CV' 구조가 흔하며, 언어에 따라 'V, VC, CVC, CCVC' 등의 구조를 가질 수 있다.

한편, 현대한어[중국어]에는 개음介音[medial]이 존재하여 CMVC의 구조가 가능하다. 개음은 모음 발음의 시작 부분으로서, 'i, u, ü'의 세 가지이다. 예를 들면 '天 tiān'의 개음은 i, '多 duō'의 개음은 u, '略 lüè'의 개음은 ü이다.

이상과 같이 음절을 길게 설명하는 이유는 한자는 글자가 만들어지는 최초의 단계부터 모두가 1음절로 이루어졌기 때문이다. 한자는 영어의 river나 mountain처럼 2음절이 아닌 jiāng[江], shān[山]의 1음절로 된 글자였으며, 이것이 동시에 단어였다. 한자는 모든 글자가 1음절이라고 말할 수 있다.

모든 한자는 음절의 단위로 간주되며, 대부분의 한자는 1음절로서 이것들이 문장 안에서 의미를 갖고 단독으로 운영되는 단어單語가 된다. 단어는 곧 word이다. 그래서 한자는 단음절單音節 단어라고 할 수 있다.

물론 두 개의 음절, 즉 두 개의 글자로 이루어진 단어도 있다. 學校학교, 先生선생, 飛行機비행기, 大韓民國대한민국 등이 그 예이다. 그러나 이 다음절 단어들은 후대에 생긴 단어, 낱말들이다.

이렇듯 단음절 그 자체로 단어가 되기도 하고, 단음절의 글자들이 모여 다음절의 단어가 되기도 하기 때문에 한자어는 그것들이 결합하는 구조와 방식을 알 필요가 있다.

2. 한자 단어의 구조

사실, 한자 단어의 구조는 이 단어들이 모여서 만드는 문장의 구조와 유사하다. 그렇기에 이 책에서는 실생활에 소용되는 단어의 구조만 살핀다. 문장의 구조는 다른 한문법 저서를 통해 심화하기 바란다.

1) 병렬竝列 구조

대등한 자격의 단어들로 짜인 구조이다. 연합聯合구조라고도 한다. 다음과 같이 세분할 수 있다.

▷ 유사 구조 : 비슷한 뜻의 한자로 나란히 짜인 구조

衣服의복(옷과 옷) 草木초목(풀과 나무)

花草화초(꽃과 풀) 江湖강호(강과 호수)

削減삭감(깎고 줄임) 添加첨가(더하고 더함)

▷ 대립 구조 : 반대의 뜻을 가진 한자로 나란히 짜인 구조

男女남녀(남자와 여자) 天地천지(하늘과 땅)

問答문답(묻고 답함) 晝夜주야(낮과 밤)

朝夕조석(아침과 저녁) 高低고저(높고 낮음)

▷ 대등 구조 : 대등의 뜻을 가진 한자로 나란히 짜여진 구조

言行언행(말과 행동) 耳目이목(귀와 눈)

慈愛자애(사랑과 사랑) 土地토지(흙과 땅)

紙筆墨硯지필묵연(종이, 붓, 묵, 벼루)

喜怒哀樂희노애락(기쁨, 노여움, 슬픔, 즐거움)

2) 수식修飾 구조

수식어 + 피수식어로 짜인 구조이다. 다음과 같은 두 가지로 세분된다.

▷ 관형어冠形語 + 체언體言(명사류)[1]

– 우리말 해석은 앞에서부터 차례로 하면 되는데, 관형격 어미인 '~ㄴ / ~의 + 체언'이다.

老人노인(늙은 사람) 青年청년(젊은 사람)

白眉백미(흰 눈썹) 教室교실(가르치는 방)

不毛地불모지(풀이 나지 않는 땅) 百花백화(백 송이의 꽃)

▷ 부사어副詞語 + 용언用言(동사 · 형용사)[2]

– 우리말 해석은 역시 앞에서부터 차례로 하면 되는데, '부사어 + 용언'의 순서이다.

必勝필승(반드시 이긴다) 晩成만성(늦게 이루어진다)

至高지고(더없이 높음) 精讀정독(뜻을 새겨가며 자세히 읽음)

訛傳와전(사실과 다르게 전함) 偕老해로(부부가 평생 함께 늙음)

3) 주술主述 구조

주어 + 서술어로 짜인 구조이다.

즉, '무엇이 어떠하다'라는 뜻을 가진 단어로, 술어는 주로 동사와 형용사가 담당한다.

우리말 해석은 '(주어)가 (술어)하다'로 하면 된다.

▷ 명사 + 동사

日出일출(해가 뜨다) 花開화개(꽃이 피다)

烏飛오비(까마귀가 날다) 梨落이락(배가 떨어진다)

1 **관형**(冠形) : 머리에 관을 쓰듯 형용[수식]한다는 의미이다. 그래서 관형어는 체언 앞에서 체언의 뜻을 꾸며 주는 구실을 하는 문장 성분이다.
체언은 단어나 문장에서 주어 따위의 기능을 하는 명사, 대명사, 수사를 통틀어 이르는 말이다.

2 **부사어** : 용언(用言)의 내용을 한정하는 문장 성분이다.
용언이란 문장에서 서술어의 기능을 한다. 동사, 형용사가 그 역할을 한다.

▷ 명사 + 형용사

天高천고(하늘이 높다)　　年少년소(나이가 어리다)

月明월명(달이 밝다)　　水淸수청(물이 맑다)

수식 구조와 주술 구조는 얼핏 비슷하나, 수식 구조는 해석을 앞에서 부터 해야 하며, 뒤에서 부터 하면 틀린 해석이다. 예를 들어 '出日'출일은 수식 구조로서 '뜨는 해'이지, '해가 뜨다'로 하면 틀린다.

반면, '日出'일출은 '해가 뜨다'로서 주술 구조이다. 즉, 수식 관계에서 글자의 위치가 앞뒤로 바뀌면 일반적으로 주술 구조가 된다. 이때에도 해석은 앞에서 부터 한다.

수식 구조 : 高山고산(높은 산), 落花낙화(떨어지는 꽃)

주술 구조 : 山高산고(산이 높다), 花落화락(꽃이 떨어지다)

4) 술목述目 구조

술어 + 목적어로 짜인 구조이다.

이때 술어는 동사가 담당한다. 목적어는 서술어의 대상을 나타내는 말이다. 우리말 해석은 '(목적어)를 (술어)하다'로 한다.

▷ 목적어가 우리말의 목적어에 해당하는 경우

讀書독서(책을 읽다)　　立法입법(법을 제정하다)

造船조선(배를 만들다)　　愛國애국(나라를 사랑하다)

▷ 목적어가 우리말의 부사어에 해당하는 경우. 단, 이 경우는 술보述補구조로 보기도 한다.

登山등산(산에 오르다) 歸家귀가(집에 돌아가다)

入學입학(학교에 들어가다)

5) 술보述補 구조

술어 + 보어로 짜인 구조이다.

앞에서 말한 것처럼 술목 구조의 목적어가 부사어에 해당하는 경우와 중첩되는데, 이 술보 구조의 특징은 단어에 '有유, 無무, 多다, 少소, 如여, 難난, 寡과, 非비' 등의 술어와 이를 보충하는 보어로 이루어진다. 그렇기 때문에 필자는 이 책에서 위 술목구조의 목적어가 부사어인 경우와 별도로 술보 구조를 제시한다.

우리말 해석은 '(보어)가 (술어)하다'로 하면 된다.

결과적으로, 한자어의 풀이 순서에 있어서 병렬, 수식, 주술 구조는 우리말 어순과 같고, 술목, 술보 구조는 우리말 어순과 반대이다.

有識유식(지식이 있다) 無禮무례(예의가 없다)

多情다정(정이 많다) 少量소량(양이 적다)

如前여전(전과 같다) 難解난해(풀이가 어렵다)

寡德과덕(덕이 부족하다) 非凡비범(평범하지 않다)

6) 연면連綿 구조

이 구조는 앞에서 서술한 다섯 가지의 구조와는 달리, 같은 글자 두 개가 결합하여 이루어진 단어를 이루는 경우와 발음이 유사한 글자 두 개가 결합하여 단어를 이루는 구조로 나눌 수 있다.

글자가 같은 구조이건, 발음이 같은 구조이건 모두 의미 관계가 아닌 단순한 Sound(=聲韻성운) 관계로만 결합되어 있다.

▷ 첩자疊字 구조 : 같은 글자 두 개가 중복되어 결합이다 '疊(겹쳐질 첩)'은 '중첩, 중복'의 의미이다.

茫茫망망(추측하여 알 수 없음) + 大海 *茫 아득할 망

紛紛분분하다(떠들썩하고 뒤숭숭하게) *紛 어지러워질 분

瑟瑟슬슬하다(가을바람의 적적한 소리) *瑟 큰 거문고 슬

時時刻刻시시각각(자꾸자꾸 – 時刻을 글자끼리 중첩하여 강조)

家家戶戶가가호호(집집마다 – 家戶를 중첩하여 강조)

年年歲歲년년세세(해마다 – 年歲를 중첩하여 강조)

▷ 쌍성雙聲구조 : 글자가 두 개 결합하되, 두 글자의 성모(聲母=음절의 첫 자음)가 같은 구조이다.

邂逅해후(우연히 만나다) *邂 만날 해, 逅 만날 후

憔悴초췌(초췌하다) *憔 수척할 초, 悴 파리할 췌

恍惚황홀(황홀하다)[3] *恍 황홀할 황, 惚 황홀할 홀

猶豫유예(망설여 결행하지 않음)[4] *猶 오히려 유, 豫 미리 예

▷ 첩운疊韻구조 : 글자가 두 개 결합하되, 두 글자의 성모를 제외한 나머지 부분, 즉 韻운(=rhyme)이 같은 구조이다.

彷徨방황(이러저리 헤매어 돌아다님) *彷 거닐 방, 徨 노닐 황

逍遙소요(자유롭게 이리저리 거닐며 돌아다님) *逍 거닐 소, 遙 멀 요

混沌혼돈(혼돈스럽다)[5] *混 섞을 혼, 沌 어두울 돈

窈窕요조(부녀의 행동이 얌전하고 정숙함. 窈窕淑女요조숙녀)

*窈 그윽할 요, 窕 정숙할 조

3 **황홀**(恍惚) : 의태어이다. ① 광채가 어른어른하여 눈이 부심 ②사물에 마음이 팔려 멍하니 서 있는 모양 ③ 미묘하여 헤아려 알기 어려움 ④흐릿하여 분명하지 아니함

4 **유예**(猶豫) : 의태어이다. '猶與유여' 또는 '猶預유예'로도 표기하는데, 모두 쌍성의 관계이다.
猶는 글자에서도 보이듯이 원숭이, 豫는 코끼리의 일종으로 모두 신중하고 조심스러워 하는 동물이다.

5 **혼돈**(混沌) : 역시 의태어이다. ①천지개벽 초에 하늘과 땅이 아직 나누어지지 않은 상태. ②사물의 구별이 확실하지 않은 상태 ③ 어떤 대상에 대해 갈피를 잡을 수 없어 뚜렷한 생각이나 인식을 가질 수 없는 상태

7) 기타 구조

의미가 있는 글자의 앞이나 뒤에 의미가 없는 조사助詞가 붙는 경우이다. 첨가구조라고 볼 수도 있다.

– 부정사

不孝불효(효도하지 못함) 不美불미(아름답지 못함)

不知부지(알지 못함)

– □ + 접미사

卓子탁자 冊子책자 美術的미술적

客觀的객관적 感受性감수성

– 所 + □

所謂소위(이른 바) 所有소유(있는 바)

所持소지(가진 바) 所在소재(있는 바)

– □ + 否

曰可曰否왈가왈부 可否가부 安否안부

與否여부 贊否찬부

지금까지의 한자 단어의 구조는 사실, 일반적이면서 지극히 간단한 설명이다. 그러나 실제 단어의 구조는 다음과 같은 어려움이 있다. 전남대학교 중문과 안기섭 교수의 『신체계 한문법대요』新體系 漢文法大要(보고사, 2012)에 서술한 그의 학자적 고민을 인용한다.

"개별 언어의 단어를 분류하는 일은 문법 연구의 오랜 관행이 되어 왔다. 문법의 각도에서 볼 때 모든 언어는 단어로 이루어져 있기 때문에 그럴 법하다. 지금까지 연구하여 마련된 분류의 기준은 단어의 쓰임상의 특징, 이른바 품사성品詞性이란 것인데, 단어의 '의미'의 차이가 문법상 중요한 경계가 되는 경우는 극히 드물다.

단어의 의미는 본시 확연히 무리를 나눌 수 있게 되어 있지 않다. 그래서 한 언어의 단어 전체를 대상으로 하여 말한다면, 단어들의 '의미 무리'를 갈래 짓는다는 것은 언어사용자 각자가 의식할 수 있는 범위 안에서의 추상적인 관념에 따를 뿐이므로 극히 자의적인 작업이다. 말하자면 문법적인 작업이라고 할 수 없다.

그러므로 단어가 일정한 '형태'의 차이를 지니거나 쓰임상 형태의 변화가 있거나 '기능'상의 일정한 차이가 있을 경우에만 경계를 명확하게 정할 수 있고, 이렇게 나눈 단어의 경계라야 비로소 문법적인 의의를 갖게 된다."(35쪽, 단어의 갈래)

제2부
漢字와 文化

제1장 현재의 한자
제2장 한자의 수와 색

제1장 현재의 한자

제1절 _ 중국
제2절 _ 중국의 현대사
제3절 _ 중국의 경제와 무역

제1절 중국

1. 國號국호와 國旗국기

1) 中華人民共和國중화인민공화국

① 秦진과 China

'중화인민공화국'이 우리가 흔히 부르는 '중국'의 정식 국가명이다. 1992년 한·중 수교 이전에 약칭인 '중공'中共이라 불렀었다. 6·25 남북전쟁 때 중공군이라 불렸던 그 나라다.

중국中國이라는 단어는 『시경』詩經[1]에 맨 처음 등장한다. 당시의 국토는 주周나라의 수도나 지배 영역을 일컫는 말로 쓰였었다. 황하 문명과 양자강 지역의 장강 문명, 홍산 문명으로 동아시아 최초의 문명을 이룩한 그들은 스스로 그들의 땅을 세계의 중심이라는 뜻의 中國중국, 또는 中原중원, 中華중화라 했다. 자부심의 상징이었을 것이다.

근대적으로 '중국'이라는 국호는 만주족의 청나라를 무너뜨리고 한족 중심의 새 나라를 세울 수 있게 된 신해혁명(辛亥革命, 1911) 이후 사용된다. 중국, 중화中華와 'republic'의 번역어인 민국民國을 조합한 '중화민국'中華民國이 그것이다.

그러나 이 중화민국은 현재 대만(臺灣, Táiwān)이라는 국호로 불린다. 중국에서 항일抗日전쟁이 끝난 후, 중국 재건을 둘러싸고 국민당國民黨과 공산당共產黨 사이에 벌어진 국내전쟁인 이른바 국공내전國共內戰(1927.4~1950.5)이 벌어진다.

마오쩌둥(毛澤東, Máo Zédōng, 1893~1976)주석이 이끄는 공산당은 1930년대부터 '바늘 하나'라도 민중들에게 폐를 끼치지 못하게 한 군율 교육을 받은 도의적인 군대를 육성하였다.

이에 반해 장제스(蔣介石, Jiǒng Jièshí, 1887~1975) 총통이 이끄는 국민당은 일당 독재를 강화하였다. 뿐만 아니라 장제스 일가를 중심으로 관료자본을 형성하였다. 이들은 금융을 독점하고, 군사비를 조달하기 위해 지폐를 함부로 발행하였다. 이러한 국민당 정부를 원조하던 미국이 뒤늦게 발을 빼자 이내 공산당이 중국 전체를 지배하게 되었다. 이른바 대장정[2]의 승리였다.

이 전쟁에서 승리한 공산당의 마오쩌둥 주석은 국민당의 장제스 총통의 국민당 정부를 대만으로 몰아냈고, 여전히 대만은 중국 복건성(福建省, Fújiànshěng)과 마주하고 있는 나라로 존재하고 있다. 중국 본토에서 약 150km 떨어져 있다.

공산당의 마오쩌둥 주석은 바야흐로 1949년 10월 1일 중화인민공화국을 건국하게 된다. 톈안먼(天安文, Tiān'ānmén) 광장의 마오쩌둥은 "中华人民共和国, 中华人民政府, 今天成立了."(중화인민공화국과 중화인민정부가 오늘 성립되었습니다.)라고 외친다. 세계를 향한 선언이었다. 이 10월 1일이 중국의 건국절建國節이며, 중국 최대의 명절이다. 그래서인지 중국의 추석은 우리와 달리 그다지 중요한 명절에 끼지 못한다.

영어로는 이 나라를 'China'(People's Republic of China)라 하고 다른 유럽권에서도 대체로 비슷한 명칭을 쓰는데, 이는 산스크리트어로 중국 지역을 Cīna라 칭한 데서 유래한 것으로 추정한다. 15~16세기 무렵 이른바 신항로를 개척한 포르투갈의 상인들이 페르시아어를 거쳐 전 유럽에 보급한 결과이다. 물론 Cīna는 시황제의 진(秦, Qín)으로부터 유래한

2 **대장정**(大長征, long march) : 1,2500km에 달하는 중국 공산당 군대인 홍군[中國工農紅軍=紅軍]의 대행군(1934~1935)을 말한다. 도시에서 농촌을 근거지로 옮긴 홍군은 국민당의 집중 공격을 받게 되고 이를 피해 서쪽으로 탈출한다. 370일에 걸쳐 18개의 산맥을 넘고 17개의 강을 건너 연안(延安)에 도착한다. 10만이었던 홍군은 고작 8천으로 줄어들었다.

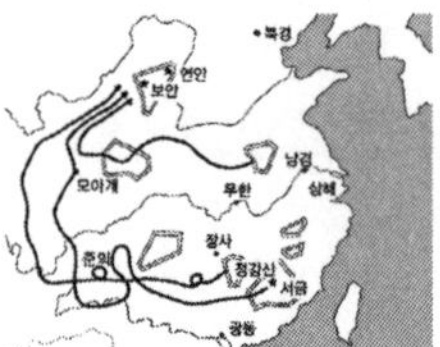

1931~1934년 주요 소비에트 근거지와 장정지도

군사적으로는 대실패의 패주였지만 결과적으로는 중국 전역에 홍군의 이념을 널리 알리게 되는 계기가 되며, 마오쩌둥이 확고부동한 지도자로 부상하게 된다. 역사적으로 미화되었다고 보는 관점도 있다

대만 국기(왼쪽)와 톈안먼 광장에서 중화인민공화국 건국을 선포하는 마오쩌둥 주석(오른쪽)

것이다.[3]

한자문화권에서 '중국'이 정식 국호로 확립되지 않았던 근대 시절에는 Cīna 혹은 China를 한자로 지나支那라고 표기하고 불렀었다. 그러나 정작 중국인들은 이 '지나'라는 명칭을 비하적인 호칭으로 받아들인다.

② 中중

[한자 中의 자형, 자원 연변]

商 갑골문 周 금문 秦 전서 漢 예서 現代 해서

갑골문의 과 은 깃발과 깃대의 모양이다. 中은 깃발이 생략된 모습인데, 금문의 또 다른 자형인 은 깃발이 화려하게 나부끼고 있는 모양이다. 이와는 달리 사물의 한가운데를 상하로 통하는 세로 선으로 중심을 나타냈다는 견해도 있으나, 깃발이 나부끼는 다른 자형

3 China : 한편, 어떤 영어 단어 뒤에 ~a나 ~ia가 붙으면 모두 땅이나 나라의 이름이 된다.
- Korea = Kore(고려) + a 고려에서 유래
- China = Chin(진) + a 진(秦)에서 유래
- Arabia = Arab + ia
- Colombia = Columbus + ia 아메리카 대륙을 처음 발견한 콜럼부스의 이름에서 유래
- America = Amerigo + a 아메리카가 신대륙이라고 주장한 사람인 Amerigo Vespucci에서 유래
- Brasilia = Brasil + ia 브라질리아는 브라질의 수도
- India = Indo + ia

들과 비교하면 이 견해는 적절치 않다. 특히 『주례』周禮에 '깃발의 가운데에 특정 부족을 상징하는 부호를 표시'하였다는 기록으로 보더라도 깃발로 보는 견해가 타당하다.

이 깃발이 '가운데'라는 의미를 나타낸 것은 깃대와 깃발의 가운데에 네모난 모양으로 표시를 하였기에 그 의미를 나타냈다는 견해도 있다. 그러나 고대 부족 사회에서 중요한 일을 알릴 때 공토에 깃발을 세우고 이를 '중심'으로 사람들이 모인 것으로부터 '중앙', '중심', '가운데'의 의미가 부여된 것으로 보는 견해가 더욱 설득력이 있다. 상형자이다.

이 중中자의 아래에 마음 심心이 더해지면 충忠이 된다. 즉 '마음의 가운데', '마음속에서 우러나오는 참된 뜻'이 '충성'이라는 것이다. 이 글자는 중中이 의미와 발음을 담당하기에 회의겸형성자이다. 갑골문에는 보이지 않으며, 금문 과 소전 의 자형에 깃발과 심장이 뚜렷이 보인다.

③ 華화

[한자 華의 자형, 자원 연변]

周 금문	秦 전서	漢 예서	現代 해서	現代 간체

갑골문에는 보이지 않고 금문에 처음 보인다. 그러나 고대 농경사회에서 '열매'를 맺는 중요한 존재인 '꽃'의 자형이 없다는 것은 일견

이해가 잘 되지 않을 수 있다. 그래서 더러 갑골문의 자형을 제시하기도 하는데, 사실 花화와 華화의 금문은 같다. 즉, 근원이 같은 동원자同源字인 것이다. 花화와 華화의 갑골문 자형을 아직 찾지 못했을 수도 있지만, 어쨌든 花화와 華화 모두 갑골문에는 존재하지 않는다.

금문의 자형은 꽃봉오리가 활짝 핀 모양이다. 그래서 '꽃'이라는 의미이며 이외에 '빛나다, 찬란하다, 화려하다'의 의미로 확장되었을 것이다.

결국, 고대 농경사회에서 '꽃'은 '열매'를 맺는 중요한 존재였기에 중국, 중국어, 중국인 자신을 지칭하는 '중화'中華라는 단어가 만들어졌다. 금문은 상형의 방식으로 만들어졌으나, 그 전국문자 이후로 글자의 윗부분에 艸(풀 초)가 추가되어 의미를 더하였으니 이때부터는 회의자이다. 그런데 는 여전히 발음을 담당하고 있으니, 전체적으로는 회의겸형성자로 보아야 맞다.

간체의 华화는 윗부분의 발음을 담당하는 化화와 아랫부분의 필획을 간단히 줄인 十십으로 구성된, 華화의 자형 연변과는 전혀 관계가 없이 새롭게 만들어진 자형이다. 華화의 초서체인 와 를 보아도 그러하다.

2) 五星紅旗오성홍기와 國章국장

다섯 개의 노란 색 별과 붉은 바탕의 깃발, 오성홍기이다.

다섯 개의 별 가운데 가장 큰 하나의 별은 중국 공산당의 상징이다. 큰 하나의 별을 둘러싼 나머지 네 개의 별들은 각각 노동자, 농민, 도시 소자산계급, 민족 자산계급을 의미한다. 붉은 바탕색은 혁명을, 노란 색은 광명과 함께 황색인종이라는 특성을 나타낸다.

톈안먼 광장의 오성홍기(왼쪽)와 중국의 국장(오른쪽)

오성홍기는 전체적으로 중국은 공산주의 혁명을 이룩한 광명의 국가이며, 이 나라는 네 개의 세력으로 건설되었음을 상징하는 것이다.

앞에서 국공내전을 언급하면서 잠깐 이야기하였지만, 1949년 10월 1일의 건국 선언에 앞서 동년 9월 하순에 열린 공산당과 8당파의 대표들이 모인 중국인민 정치협상 회의에서 "중화인민공화국은 신민주주의, 곧 인민민주주의의 국가이며, 노동자 계급을 지도자로 하고, 노농勞農동맹을 기초로 한다"고 규정하였다. 이때 베이징을 수도로 정하고, 오성홍기를 국기로 결정한다.

이 오성홍기와 함께 중국을 상징하는 국가의 휘장徽章인 국장國章은 오성홍기와 같은 다섯 개의 별과 그 아래에 톈안먼 광장, 그리고 원 둘레로 곡식의 이삭과 톱니바퀴가 감싸고 있는 모습이다. 톈안먼 광장은 건국을 선포한 역사적인 장소이자, 중국 베이징의 학생들이 일으킨 항일운동이자 반제국주의, 반봉건주의 혁명운동인 5·4운동(1919년)의 발원지이기도 하다. 곡식 이삭은 농민과 풍요를, 톱니바퀴는 노동자와 발전을 의미한다.

오성홍기와 국장이 상징하는 중국은 농민과 노동자의 나라이다. 즉, 공산주의 국가이다. 그러나 현재는?

① 共産공산

[한자 共의 자형, 자원 연변]

商 갑골문 周 금문 秦 전서 漢 예서 現代 해서

共공의 갑골문은 두 손[ ]으로 포장된 물건 혹은 그릇[口]을 받들고 있는 모습이다. 정성스럽게 받들고 있는 것은 제사의식에 사용되는 예물일 것이다. 그래서 그 의미는 '정성스럽게 받들다'로부터 이러한 행위는 여럿이 함께 하기에, '함께, 같이'의 의미로 연변 되었다. 금문도 유사하다. 글자의 구조는 두 손과 예물이 결합된 회의자이다.

그런데 선국문사 에서 예물 '口'구가 '凵'(스물 입)으로 바뀌었으며, 전서체에서도 廿(스물 입)과 廾(두 손으로 받들 공)의 결합으로 모양이 바뀌었다. 허신은 "共, 同也. 从廿廾.(共은 함께[同]의 뜻이며, 廿과 廾으로 이루어진다)"라고 하였다. 이때 廿(=卄)입[4]은 二이와 十십이 합쳐진 글자로서 '스물 입'이라 훈독한다. 아래의 廾은 '두 손으로 받들 공'이다.

전체적인 풀이는 '스무 명이 두 손으로 [함께] 받들다'이다. 이는 갑골문과 고대의 자형에 근거한 해석이 아닌 한대의 소전체에 근거한 해석이다. 풀이는 틀렸지만, 결과적으로 '함께'라는 뜻은 틀리지 않았다. 이렇게 된 이유는 공共이 줄곧 '함께'라는 뜻으로 사용되어 온 것에 대해, 허신이 당시의 자형인 소전체에 근거해서 풀이를 하였기 때문이다.

4 **廿과 卄** : 모두 '스물 입'이나 그 부수는 각각 다르다. 즉, 廿은 부사가 廾(두 손으로 받들 공)이며이며, 卄은 부수가 一(한 일)이다.

[한자 產의 자형, 자원 연변]

周 금문　　秦 전서　　漢 예서　　現代 해서　　現代 간체

『설문해자』에 "產은 '낳다'라는 의미이다. 生(날 생)과 '彦'(선비 언)의 생략형이 결합한 구조이다(產, 生也. 从生, 彦省聲.)"라고 하였다. 금문과 소전의 모양이 같다. 즉, 뜻을 나타내는 '生'과 소리를 나타내는 '彦'언의 생략형인 '产'산이 합하여 이루어진 구조라는 것이다. 형성자이다.

공산共產은 재산財產을 공동共同으로 가진다는 뜻이다. 공산주의共產主義의 그것이다. 공산주의는 재산 및 생산 기관의 개인적 소유 즉, 사유私有를 부인하고 자본주의資本主義의 붕괴, 계급투쟁, 사회 혁명을 주장하는 주의이다. 중국은 공산주의 국가이다. 그러나 이미 재산은 개인이 소유할 수 있으며, 세계 자본주의의 대열에서 G2국가로서 그 지위가 확고하다.

1966년부터 1976년까지 10년간 중국의 최고지도자 마오쩌둥에 의해 주도된 극좌 사회주의운동인 문화대혁명은 곧 사회주의를 표방한 운동이었다. 즉, 전근대적인 문화와 특히 자본주의를 타파하고 사회주의를 실천하자는 운동이었다. 그래서 전통적인 중국의 유교문화가 붕괴되었고 계급투쟁을 강조하는 대중운동으로 확산되었다.

그러나 마오쩌둥 이후 1978년 정권을 잡은 덩샤오핑(鄧小平, Dèng Xiǎopíng, 1904~1997)은 달랐다. 그는 정권을 잡자마자 검은 고양이든 흰 고양이든 쥐만 잘 잡으면 된다는 "흑묘백묘론"黑猫白猫論과 아랫목이 따뜻해지면 윗목도 자연스럽게 따뜻해진다는 "선부론"先富論을 설파하며

개혁개방에 시동을 걸었다.

덩샤오핑은 자본주의냐 사회주의냐 하는 정치적이며 철학적인 논쟁을 당장 먹고사는 것이 중요한 인민들에게 쉽게 설파했다. "흰 고양이든 검은 고양이든 쥐만 잘 잡으면 된다"는 이해하기 쉬운 논리와 "성장이냐 분배냐"의 논쟁을 우선 돈을 벌어야 한다는 인민들의 부자가 되고 싶은 속마음을 자극시키면서 국가적인 위기를 돌파한 것이다. 현재 중국의 모습을 잉태한 지도자라 할 수 있다.

그러나 이러한 경제우선 정책의 부작용은 심각한 빈부격차를 낳았고, 부의 양극화 현상은 당면한 중국의 최대과제가 되었다.

② 國家국가

[한자 國의 자형, 자원 연변]

商 갑골문	周 금문	秦 전서	漢 예서	現代 해서	現代 간체

갑골문은 戈과와 口국의 결합이다. 즉, 从戈, 从口종과종국이다.

戈과는 다름 아닌 고대의 창을 그린 상형자이다. 그 뜻이 확장되어 '무력'武力, 군의 '부대'部隊를 의미한다. 口(=圍[5] 나라 국 또는 에워쌀 위)은/는 '입口'구처럼 보인지만, 어떤 지역의 둘레를 에워싼 '성곽'의 모양이다. 그래서 '나라 국'國에서는 국경을 의미한다. 이 戈과와 口(나라 국)이 결합하여

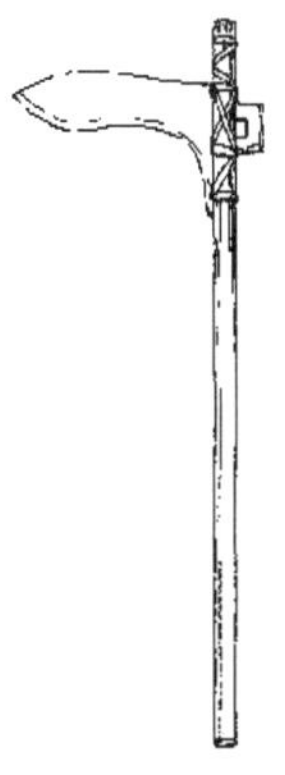

고대의 과(戈), 즉 창이다.

5 圍(둘레 위) : 나라 국(國)과 같은 글자이기도 하다.

무력으로써 적이 침범하지 못하도록 국토를 지킨다는 의미를 표현하고 있다.

금문의 은 口(나라 국) 안에 점이나 口(나라 국) 아래에 가로획이 더해져 있는데, 모두 '토지'를 상징하는 것으로 추정한다. '나라'라는 의미가 구체화된 것이다.

금문의 다른 자형인 과 에는 각각 모양과 모양이 더해지는데, 이는 '구역'區域의 의미를 구체화한 것이다. 갑골문 자형 및 금문의 은 육서의 회의자이다. 반면, '國'국자는 从口, 或聲종국혹성의 구조로서 육서의 회의겸형성에 속한다. 형성의 요소가 있는 이유는 '或'혹이 상고 추정음으로는 [gwək]에 가까운 소리였기에, 현재의 國[guk]에 반영되어 있기 때문이다.

간화자는 国국인데, 國국의 초서체를 해서화한 모양이다.

[한자 家의 자형, 자원 연변]

商 갑골문　　周 금문　　秦 전서　　漢 예서　　現代 해서

갑골문 는 [=宀집 면]과 [=豕돼지 시]의 결합이다. 즉, 집 안에서 가축인 돼지를 기른다는 의미로서 '집'을 나타낸 글자이다. 회의자이다.

'국가'는 일정한 영토와 거기에 사는 사람들로 구성되고, 주권主權에 의한 하나의 통치 조직을 가지고 있는 사회 집단이다. 국민 · 영토 · 주권을 삼요소로 한다. 그런데 한자 국가國家의 '가'家는 위의 국가라는

사전적 의미와는 크게 관련이 없다. 즉, 이때의 '가'家는 국가라는 의미와는 관련이 없는 그저 접미사로서의 역할만 한다.

국가의 사전적 의미는 '國'국이 담당한다. 이 한 글자 '國'국이 나라, 국가라는 의미를 표현하는 단어로 쓰이기엔 동음이의어가 많아 별다른 의미가 없는 '家'가를 붙여서 두 글자로 단어를 만들었다. 당연히 동음이의어 현상을 피할 수 있었다.

고대, 그러니까 한대 이전 시기의 문헌은 대부분 이렇게 한 글자로 된 단어들이 사용되었었다. 그것이 구어이든 문언이든 큰 차이가 없었을 것으로 현재 추정하고 있다. 그러나 이 한 글자의 단어는 문맥에 따라 여러 의미로 해석이 가능하였기에 점차 한자를 전문으로 사용하는 사람들의 전유물로 굳어지게 된다. 문학 장르로는 시詩가 대표적이다.

당연히 글자를 배우지 않은 사람들과 괴리가 생기게 되었고, 이를 보완하고자 두 글자의 단어가 점차 발생하였을 것이다. 고대의 문언과 구어가 적절히 섞인 소설小說이 탄생한 배경이라 할 수 있다. 이른바 백화白話소설이다.

현재의 중국어인 보통화는 문언과 구어가 적절히 섞인 문법의 언어라 할 수 있다.

③ 星성

[한자 星의 자형, 자원 연변]

商 갑골문	周 금문	秦 전서	漢 예서	現代 해서

한자가 아름답다는 생각을 자주 한다. 그 모양도 그러하지만 그 글자에 담긴, 그 글자를 만든 이들의 생각이 더욱 그러하다. 이 '별 성'星이 그렇다.

갑골문의 과 두 글자는 작은 네모들로 표현된 여러 별들이 반짝이는 가운데 '生'생자를 넣어 성부로 삼았다. 그런데 이 生생자는 단순히 성부로서만 역할을 하는 것이 아니다. 별도 사람처럼 태어나고 죽는다는 것을 반영한 '탄생'의 生생이다. 갑골문 生생은 으로서, 땅에서 막 돋아나는 새싹을 그린 모양이다. 별을 나타낸 작은 네모들은 현재 晶(밝을 정)으로 살아 있다. 상형자이다.

갑골문 과 은 번간繁簡의 차이이다. 갑골문 시기에도 자형의 획수를 간단히 한 일종의 간체자가 있었다. 글자를 만들고 쓰는 사람들은 특정의 의미를 반영하되, 자형을 최대한 간단히 하고자 하였다. 이왕이면 필획이 간결한 글자가 더욱 세련되고 발전된 글자이기 때문이다. 경제적이기도 하지만, 이는 필연적인 욕구이자 방향이었다. 그것을 혁명적으로 성공한 것이 한대 예서隸書의 변혁이다. 그래서 아예 예변隸變이라 부르지 않는가! 나아가 간체자를 국가적인 정책으로 확정한 것이 현재 우리가 중국어를 배울 때 접하는 간화자이다. 그 정책을 실현시킨 사람은 마오쩌둥이었다. 하지만 마오쩌둥 이전에도 서체의 변화를 국가적인 정책으로 확정한 사람이 있었으니, 바로 시황제이다. 그래서 마오쩌둥도 필자가 보기엔 황제라 할 수 있다. 문자의 힘을 안 지도자이다.

이 갑골문의 자형이 소전체까지 그대로 반영이 되었다. 『설문해자』에서는 「晶」部정부에 "曐(별 성)은 모든 물체의 정수로서, 위에 여러 별들이 있다. 晶정과 生생의 소리로 이루어져 있다. 혹자는 상형이라고 한다."(萬物之精, 上為列星. 从晶生聲. 一曰象形.)라고 하였는데, "从晶生聲"종정생성이라는 구절은 [曐 = 晶의 의미 + 生의 의미와 발음]이라는 의미이다.

즉, 육서로는 生생이 성부이자 형부의 역할을 하고 있으니, 星성은 회의겸형성자이다. 해서의 星성도 마찬가지로 단순히 형성자가 아닌 회의겸형성자로 보아야 한다.

④ 旗기

[한자 旗의 자형, 자원 연변]

秦 전서	漢 예서	現代 해서

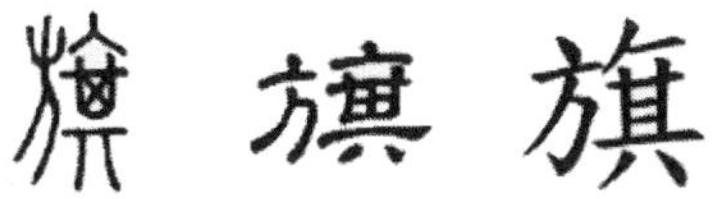

이 글자의 금문과 소전은 각각 와 이다. 앞의 '中'중사를 설명하면서 잠시 언급된 깃발의 모양이다.

금문의 는 깃대와 바람에 나부끼는 깃발이 합쳐진 모양이다. 나중에 㫃(깃발이 나부끼는 모양 언)으로 변했다. 소전의 는  오른쪽 아래에 성부를 담당하는 '其'기가 더해진 모양이다. 그래서 금문 단계는 회의자이나, 소전체 단계에서는 성부가 더해진 형성자이다. 이처럼 한자는 고대로부터 모양이 변해왔다.

특히 발음이 반영되지 않았던 회의자에 성부를 더해서 형성자로 만드는 과정은 단순한 모양의 변화를 넘어서 글자에 발음을 담고자 하는 한자를 만든 사람들의 염원이 반영된 것이라 할 수 있다.

2. 義勇軍行進曲의용군행진곡

중국의 국가는 의용군행진곡이다. 우리의 애국가愛國歌와는 명칭과 그 배경이 사뭇 다르다. 의용군이란 '전쟁 중 뜻이 있는 국민의 자발적 참여에 의하여 조직되는 무력집단'을 말한다. 국가에서 나라를 보조하기 위해 조직한 '군대'가 아니다. 중국의 '의용군'은 일제가 1931년 만주 사변 이후 만주에 괴뢰傀儡 만주국을 수립하자 항일 투쟁을 전개하기 위해 자생적으로 군벌, 마적 등을 중심으로 하여 형성된 중국의 군대이니 더욱 그렇다.

이 의용군행진곡은 원래 화극畵劇[6] 운동가였던 전한(田漢, tián hàn)이 1935년에 작사하고, 중국 혁명 음악의 창시자로 불리는 섭이(聶耳, Niè ěr)가 작곡하였다. 이 노래가 항일구국抗日救國을 주제로 하여 흥행에 성공한 영화 「風雲兒女」(풍운아녀, fēngyún érnǚ, Children of Trouble Time, 1935)의 주제곡으로 당시 유행했으며, 중화인민공화국 건국 직전 국가國歌로 지정되었다.

가사는 다음과 같다. 간화자로 소개한다.

起来! 일어나라!
不愿做奴隶的人们! 노예 되기 싫은 사람들아!
把我们的血肉, 우리의 피와 살로,
筑成我们新的长城! 우리의 새 장성을 쌓자!
中华民族到了最危险的时候, 중화민족에 닥친 가장 위험한 시기,
每个人被迫着发出最后的吼声. 억압에 못 견딘 사람들의 마지막 외침.
起来起来! 起来!! 일어나라 일어나라! 일어나라!!
我们万众一心, 우리 모두 일치단결하여,
冒着敌人的炮火, 적의 포화를 뚫고,

6 話劇(화극) : 중국의 신극(新劇)이다. 가무(歌舞) 본위의 고전극에 대해서 대사·내용·사상 등에 중점을 둔 근대극을 말하며, 5·4운동 이후 성행하였다. 이 화극은 1920년대 상해를 중심으로 번역극과 창작극을 아울러서 공연하였다. 1930년대가 되면서 이들 연극은 점차 국방연극의 색채를 짙게 띠기 시작했고, 일본의 침략이 시작되자 중일전쟁 기간을 통한 항일운동에 큰 역할을 하였다.

前进! 전진하자!
冒着敌人的炮火, 적의 포화를 뚫고,
前进! 前进! 前进! 进! 전진! 전진! 전진! 전진하자!

① 軍균

[한자 軍의 자형, 자원 연변]

周 금문 秦 전서 漢 예서 現代 해서 現代 간체

갑골문에는 보이지 않는다. 금문의 자형은 윗부분의 '勻'균과 아랫부분의 '車'차로 구성되어 있다. 그런데 勻균은 '감싸다'라는 의미의 '勹'포와 '두 개의 점'으로 구성되어 있다. 두 개의 점은 감싸는 대상을 표시한 지사 부호이다. 즉, 軍균은 고대에 전차戰車 여러 대를 줄로 늘어놓고 그것을 감싼 모습으로서, 여기까지만 고려한다면 이 글자는 '전차'와 '감싸다'라는 의미가 합쳐진 회의자이다.

그런데, 이 '감싸다'라는 의미의 勻균은 예서체에 와서 冖(덮을 멱)으로 그 모양이 간략화 되었으며, 軍균에서 성부도 담당하고 있다. 그렇다면 이는 회의자를 넘어선 회의겸형성자로 보아야 정확하다.

② 曲곡

[한자 曲의 자형, 자원 연변]

商 갑골문	周 금문	秦 전서	漢 예서	現代 해서

갑골문 은 곡척曲尺의 모양이다. 곡척은 우리말로는 곱자이다. 즉, ㄱ자 모양의 직각으로 굽은 자[ruler]이다. 금문 도 그 모양을 간단히 한 번간繁簡의 차이만 있을 뿐, 나타내고자 하는 바는 같다.

이 곡척은 중국의 고대신화에 보인다.

중국 선사先史시대 세 명의 황제 복희伏羲, 신농神農, 황제黃帝 가운데 한 명인 복희는 하늘과 땅 그리고 인간을 창조했다. 이 복희씨가 손에 직각자인 곡척을 쥐고 있는데, 다름 아니라 땅을 창조하기 위해서이다. 곡척을 '矩'(곱자 구)라고도 부른다.

복희여와도(伏羲女媧圖)

반면 여성 분장을 한 여와女媧는 컴퍼스(콤파스, compass) 모양의 도구를 쥐고 있는데, 원을 그리기 위한 것이다. 이 컴퍼스를 '規'(법, 그림쇠, 원을 그리는 도구, 규)라고도 한다. 고대 중국인들은 하늘은 동그랗고, 땅은 네모나다고 생각하였다. 천원지방天圓地方의 우주관이다.

이 복희여와도에 그려진 두 신의 허리 아래는 마치 뱀처럼 얽혀있는데, 음양의 조화이다. 그림 맨 위와 아래의 원은 태양과 달이며, 주위의 동그란 점들은 별을 그린 것이다. 한편, 동그란 점들은 이 두 신이 음양의 결합으로 만들어낸 사람으로 추정하기도 한다.

컴퍼스인 '規'규와 직각자인 '距'거를 합쳐 '规距'(규거, guī jù)라고 하는데, 정방형과 정원형을 그리는 도구라는 의미에서 확장되어 '표준 · 법도'를 의미하게까지 되었다.

『설문해자』에 "구부러진 그릇에 물건을 담는 모양을 상형하였다."(象器曲受物之形)라고 기술하고 있다. 앞에서 말한 곡척과는 차이가 있는 풀이이며, 행진곡의 '曲'곡과는 전혀 관련이 없다. 일단 우리가 알아야 할 사항이 있다. 허신은 갑골문을 참조하지 못하였기에 그가 살았던 한대漢代의 경험과 철학에 따라 한자를 풀이한 것이다. 이것은 결코 오류나 착오가 아니며, 오히려 한대의 철학과 학문을 우리에게 알려주는 자료적인 측면으로 이해해야 한다.

그렇다면 허신은 曲곡을 왜 물건을 담는 그릇으로 풀이하였을까? 청대清代에 이 『설문해자』에 주석 작업을 한 단옥재도 이와 같은 의문을 가졌음에 분명하다. 그는 『설문해자주』[7]說文解字注에서 "'匚'방자는 네모진 그릇이 물건을 담은 모양을 상형한 것이고 (이 기물을) 옆으로 본 것이다. (『설문해자』의) ''(曲)자는 둥근 그릇의 가운데에 물건을 담는 모양을 상형한 것이며 똑바로 본 것이다. 인신되어 모든 구부러진 것을 '曲'곡이라 부르게 되었다. 바르지 않은 것도 '曲'곡이라고 부른다."[8]라고 그 의문에 대해 나름대로의 풀이를 제시하였다.

단옥재는 동일하게 '물건을 담는 그릇'의 정면 모양이 '曲'곡이며, 측면 모양이 '匚'방이라 풀이한 것이다. 여전히 음악을 의미하는 曲곡과는

7 **『說文解字注』**: 허신의 『說文解字』를 확대 · 발전시킨 문자 고증학의 역작이다. 단옥재는 『설문해자』에 대해 교정과 종합적으로 정리 분석을 하였다. 1780년부터 30여 년에 걸쳐 嘉慶(가경) 원년인 1808년에 완성하였으며, 간행은 嘉慶(가경)12年인 1815년이다.

8 원문은 다음과 같다. "匚象方器受物之形, 側視之. 曲象圜其中受物之形, 正視之. 引申之爲凡委曲之稱. 不直曰曲."

거리가 있기에 그는 그 연원을 찾는다. 다음과 같다.

"'전箋에서는 심곡心曲은 마음이 구부러졌다는 뜻이다.'라고 하였다. 또한 악장樂章을 '곡'曲이라고도 하는데, 그것은 소리가 완곡宛曲하고도 '단락[장]'章을 이루기 때문이다. 『국어』國語·『주어』周語에서 '선비는 시詩를 바치고 장님은 곡曲을 바친다'라고 하였는데, 위소韋昭가 말하기를 '곡曲은 악곡樂曲이다.'라고 하였다. 「모전」毛傳에서는 '곡'曲이 음악과 합쳐진 것이 '노래[가]'(歌)다. 음악 없이 노래만 하는 것이 '요'謠이다."[9]라고 하여 곡이 음악을 의미하는 근거를 상세히 제시하였다.

즉, 음악의 소리가 직선적이지 않고 마치 구부러진 그 무엇처럼 완곡宛曲하고도 그것이 단락을 이루기에 '음악'의 의미가 생겼음을 입증하였다 할 수 있다. 현재 '曲'곡을 네이버 한자 자전에서 찾아보면 11, 12번째에 '가락'과 '악곡'이라는 뜻풀이가 있다. 즉, 인신된 의미이다. 한자 曲곡은 자형의 분석상 분명히 상형자이지만, '음악'으로 쓰였을 때의 역할은 그 의미가 인신되고 확장된 전주인 것이다.

9 원문은 다음과 같다. "箋云. 心曲, 心之委曲也. 又樂章爲曲, 謂音宛曲而成章也. 周語曰, 士獻詩, 瞽獻曲. 韋云, 曲, 樂曲也. 毛詩傳曰, 曲合樂曰歌, 徒歌曰謠."

제2절 중국의 현대사

1. 중화인민공화국과 문화대혁명

1) 마오쩌둥의 대약진운동

1949년 10월 1일 중화인민공화국이 마오쩌둥에 의해 수립된다. 그 이후 1958년~1960년 초의 약 3년 동안 마오쩌둥은 노동력 집중 산업을 독려하며 경제성장운동을 전개한다. 대약진大躍進운동이다.

이 운동은 "영국은 7년, 미국은 10년 내 따라 잡겠다"는 목표를 제시한다. 그 결과 농촌은 인력을 공업노동력 수요를 충당하기 위해 강제로 도시로 빼앗기게 되었고, 반면 도시는 인구가 급격히 증가하여 필수품의 공급부족이 일어나는 폐단을 낳게 된다. 결국 노동력을 잃은 농촌의 농업생산력은 급격히 저하되어 농업경제의 파탄을 가져왔다. 게다다 소련과의 관계 악화로 경제원조가 중단돼 수천만 명의 아사자도 발생하기도 했다.

鼓足干劲, 力争上游, 多快好省地建设社会主义!
(온갖 노력을 쏟아, 위상을 올리고, 많고 빠르고 좋고 절약적인 사회주의를 건설하자!)
1958년 5월 공산당 제8차 전국대표대회의 슬로건이었다.

결국 대약진운동은 실패로 끝났다. 이 운동은 기술 개발을 병행하지 않고 노동력 집중만으로 과다하게 중화학공업을 부흥시키려 한 데에 실패의 원인이 있었다. 중국 공산당의 어처구니없는 실험이었으며, 애초부터 불가능한 목표였다.

마오쩌둥은 대약진운동 실패의 책임을 지고 국가주석의 자리에서 사임한다. 비록 3년여 동안의 짧은 기간이었지만, 이 운동은 오히려 중국 농·경공업의 퇴보와 중화학공업의 과다발전이라는 기형적 결과의 초래하였기에 중국 전체 경제적·문화적 수준을 퇴보시켰다는 비판을 받았다.

2) 문화대혁명

대약진운동이 실패로 끝난 이후, 중국공산당 내부에 사회주의 건설을 둘러싼 노선대립이 생겨났다. 당연한 결과였다. 최고지도자였던 마오쩌둥은 대중노선을 주장하였으나, 류사오치(劉少奇 Liú Shàoqí, 1898~1969)·덩샤오핑(鄧小平 Dèng Xiǎopíng, 1904~1997년) 등의 실용주의자들은 공업 및 각 분야별 전문가를 우선시 할 것을 주장하였다. 이들은 민생경제의 회복을 위해 일부이지만 자본주의 정책을 채택하게 되고, 실효를 거두게 된다. 류사오치와 덩샤오핑이 새로운 권력의 실세로 부상하게 된 것이다.

문화대혁명 당시 홍위병에 의해 黑帮分子(반동분자)라는 팻말을 목에 걸고 삭발을 당하고 있는 모습 (黑帮=반동)

대약진운동의 실패와 새로운 실세의 부상으로 정치적 위기에 몰리게 된 마오쩌둥은 문화대혁명을 일으킨다. '문화'라는 그럴듯한 이름으로 일으킨 혁명이었지만, 사실은 반대파를 제거하고 공산당에서의 자신의 정치적 입지를 회복하고자 한 일종의 정치적 수단이었다.

마오쩌둥은 계급투쟁을 강조하고, 자본주의적 수정주의를 비판함으로써 반대파들을 공격한다. 전국 각지마다 청소년으로 구성된 홍위병紅衛兵이 조직되었고, 마오쩌둥의 지시에 따라 전국을 휩쓸었다. 피의 혁명이었으며, 광기가 지배하는 시기였다. 중국은 일시에 경직된 사회로 전락하게 되었으며, 마오쩌둥에 반대되는 세력은 모두 실각되거나 숙청되었다.

문화대혁명은 한편으로는 전근대적인 문화와 자본주의를 타파하고 사회주의를 실천하자는 운동이긴 하나, 마오쩌둥 사망 후 중국공산당은 문화대혁명에 대해 '극좌적 오류'였다는 공식적 평가를 내린다. 그럼에도 불구하고 중국인들의 가슴 속에 마오쩌둥은 신적인 존재였기에 중국인들은 지금도 문화대혁명을 입 밖에 내기를 조심스러워 한다. 문화대혁명은 아직도 중국인들에게 아픈 상처로 기억에 남아있기 때문이다.

① 革혁

[한자 革의 자형, 자원 연변]

商 갑골문 周 금문 秦 전서 漢 예서 現代 해서

갑골문의 , 자형은 짐승의 가죽(껍질)을 벗겨 말리는 모양이다. 금문 역시 갑골문의 자형을 계승하고 있다. 예변을 거치면서 짐승의 머리 부분이 廿스물 입(艹)풀 초 모양으로 바뀌어 본래의 모양과 다소 멀

어졌으나, 상형자임에는 분명하다.

그래서 본의는 짐승의 '가죽'이었으나, 짐승의 가죽을 말려서 다른 용도로 고쳐서 사용하기에 '고치다, 바꾸다'라는 의미까지 갖게 된다. 즉, 인신의이다.

② 命명

'命'명자는 '令'(우두머리 령)과 '口'(입 구)가 결합된 모양이다. 令령은 모자를 쓰고 앉아있는 사람의 모습으로서, 명령을 내리는 사람이다. 모자는 권위의 상징이기에 令령은 우두머리 혹은 지배자를 의미한다. 口구는 당연히 명령을 내리는 사람의 입이자 그의 말을 의미한다. 그래서 命명은 말로써 사람을 부리는 것을 의미한다.

그러나 갑골문의 자형은 으로서 입이 아직 없다. 사실 令령의 갑골문 자형도 이다. 즉, 令령과 命명은 그 시작과 근원이 같은 동원자同源字였다. 다시 말해 갑골문에는 令령만 존재할 뿐 命명은 없었다는 이야기이다.

[한자 命의 자형, 자원 연변]

금문 시기에 와서 이 令령에 口구가 더해진 의 모양이 되었다. 명령을 내리는 자의 입을 더해 그 역할을 강조한 것이다. 그런데 금문 즉 命명의 令령은 의미뿐만 아니라 발음까지 담당하고 있다. 현대 중국어의 발음에 있어서 命명의 성모(聲母=어두 자음) [m-]와 令령의 성모 [l-]가 분명히 다르지만, 命명과 令령 두 글자가 갑골문 시기에 동원자였기 때문에 命명은 令령의 발음으로 읽었을 것이 분명하다. 결과적으로 命명은 口구와 의미와 발음까지 담당하는 令명이 더해진 회의겸형성자이다.

네이버 한자사전에서는 회의자로 분석하고 있으나, 이는 동원자 내지 상고한어의 발음을 고려하지 않은 결과이다. 그렇다고 해서 네이버 한자사전이 틀렸다고 단정할 수도 없다. 한자를 어려워하고 그것을 이해하는 일반적인 과정에서는 굳이 동원자나 상고음을 고려하지 않아도 되기 때문이다.

그래서 혁명은 글자 그대로 '명령[命]을 바꾼다[革]'는 뜻이다.

3) 덩샤오핑의 개혁개방

마오쩌둥 주석이 주도한 문화대혁명의 실패 이후 중국 경제는 대내외적으로 큰 타격을 받았다. 지식인과 실업가를 탄압했던 실패한 혁명으로 인해 사회의 생산력은 둔화되었고, 중국의 인민들은 빈곤에서 벗어나지 못하였다. 중국의 교육수준과 과학기술은 여전히 낙후된 상태에 머물러 있었다. 결국 경제와 정치의서 개혁이 필요했다.

문화대혁명과 같은 전통적 사회주의 발전 방식에서 탈피한 새로운 발전 모델이 필요하였으며, 앞에서 언급한 바 있는 흑묘백묘론黑猫白猫論의 덩샤오핑이 중국 역사에 등장하는 순간이자, 중국 개혁개방의 시작이다.

덩샤오핑은 1978년 중국공산당의 11기 3중전회[1]에서 계획경제의 포기를 선언한다. 즉, 계급투쟁은 적절하지 않기에 마르크스주의 실사구시 사상에 입각하여 당의 정책을 계급투쟁에서 사회주의 현대화건설로 변경할 것을 결정한 것이다.

1 **삼중전회**(三中全會) : 풀어 쓰면 '세 번째 열리는 중국 공산당 중앙위원회 전체회의'이다. 삼중이니 이중(二中)전회의 다음이다.
이 회의는 공산당전국대표대회(中國共產黨全國代表大會, 약칭 全大)가 끝난 다음에 열린다. 전대(全大)는 1921년 7월에 창당대회 겸 제1차 대회가 개최될 당시에는 매년 혹은 비정기적으로 열리다가, 1977년 11차 대회 이후에는 5년에 한 번씩 개최되고 있다. 이 5년 동안 다음 전대가 개최되기 전 중간 중간에 일반적으로 1년에 한 번씩 하는 회의를 바로 1중전회, 2중전회, 3중전회 등등으로 표현하는 것이다.
전대는 글자 그대로 대표가 참가하는 회의인데, 1억명이 넘는 중국공산당 가운데 대표(2017년 19차 대회 기준 2287명)들이 북경에서 모여 중국의 향후 5년간 중국 국사(國事)의 전반을 가름하는 최종 결정을 한다.
가장 최근의 전대인 제19차 회의가 2017년 10월에 개최되었으니, 1중전회는 2017년에, 2중전회는 2018년에, 3중전회는 2019년에 개최되어야 하는데, 최근의 19차 3중회의는 2018년에 개최되었다.

당시까지의 중국 경제는 신중국 성립 이후 중국공산당에 의해 실시된 계획경제의 틀 안에 있었다. 이는 국민당의 악성 인플레이션을 해결하여 경제 회복과 발전을 이루는 데 초기에는 성공하였으나, 노동을 통해 성취한 이익이 개인이 아닌 사회 전체에 분배되는 구조는 결국 계획경제의 한계를 드러낼 수밖에 없었다.

③ 改개

[한자 改의 자형, 자원 연변]

商 갑골문 周 금문 秦 전서 漢 예서 現代 해서

갑골문의 改개는 己(자기 기)와 攵(칠 복)의 결합이면서, 己기가 성부까지 담당하고 있다.

왼쪽의 己(자기 기)는 뱀의 모습을 상형한 巳(여섯째 지지 사)로도 추정하고 있는데, 이는 전국시기까지는 서주 이래의 자형을 따랐기 때문이다. 攺(역귀 쫓을 이)의 자형이 그 예인데, 발음이 '이'인 것은 巳사가 뱀을 의미할 때의 蛇(긴 뱀 사, 구불구불 갈 이)의 발음이 [shé]와 [yí] 두 가지인 것과 상통한다.

그러나 改개에서의 己기는 어린 아이가 무릎을 꿇고 앉은 모양을 상형한 것으로 보는 게 더 타당하다. 巳사의 또 다른 자형인 갑골문의 (甲骨文合集 22484)와 금문의 (殷周金文集成 3975)의 자형이 그 증거이다.

오른쪽의 攵(칠 복)은 攴으로도 쓰이는데, 손에 어떤 도구를 들고서 일을 다스리는 모양이다. 攵복의 소전체 자형인 은 그 의미가 더욱 선명하다.

결과적으로 改개는 아이를 꿇어앉혀 매로 가르치는 모습이며, 이로부터 나쁜 습관이나 무엇인가를 '고치다'라는 의미를 부여하였다. 글자의 구조는 改개는 의미를 담당하는 攵(칠 복)과 의미와 발음을 담당하는 己(자기 기)가 결합된 회의겸형성자이다.

앞에서 본 혁명의 사전적 의미는 다음과 같다.

① 헌법의 범위를 벗어나 국가 기초, 사회 제도, 경제 제도, 조직 따위를 근본적으로 고치는 일.

② 이전의 왕통을 뒤집고 다른 왕통이 대신하여 통치하는 일.

③ 이전의 관습이나 제도, 방식 따위를 단번에 깨뜨리고 질적으로 새로운 것을 급격하게 세우는 일.

그래서 혁명은 쿠데타, 의거 등이 쉽게 연상된다. 반면 개혁의 사전적 의미는 '제도나 기구 따위를 새롭게 뜯어고침'으로 간단하다. 연상되는 단어로는 개화, 변혁, 쇄신 등으로 혁명과는 그 무게가 다르다.

중국은 개혁改革과 개방開放을 통해 지금의 중국에 이르렀다. 혁명의 국가이다.

2. 개혁개방과 톈안먼 사건

1) 6·4 톈안먼 사건

1989년 6월 4일, 날이 채 밝지 않은 새벽의 톈안먼(天安文, Tiān'ānmén) 광장에 탱크와 장갑차로 무장한 계엄군이 들이 닥친다. 민주화를 요구하며 연좌시위를 벌이던 학생·노동자·시민들에게 발포, 많은 사상자가 발생한다. 유혈사태를 빚은 정치적 참극이며, 곧 6·4 톈안먼 사건[2]이다.

톈안먼 광장에 모인 학생·시민과 중국공산당의 계엄군

1989년 4월 중순 사망한 후야오방(胡耀邦, Hú Yàobāng, 1915~1989) 전 총서기를 추모하던 베이징 학생들은 이내 단식투쟁을 벌였고, 곧 사회 각 계층이 참여하는 대중혁명으로 확산되었으며, 급기야 중국공산당이 베이징의 톈안먼 광장에서 이들을 무력 진압한 것이다.

덩샤오핑 주석의 계획경제 포기에 따른 개혁개방정책은 생산력의 발전이 정치적 안정을 가져올 것이라던 예상과 달리, 생산력의 발전이 오히려 시민운동을 조장하여 정치적인 불안정이 조성되었다. 즉, 민주화에 대한 갈망이 커진 것이다. 덩샤오핑의 딜레마이다.

경제적 논리로 정치적 문제를 극복하려던 '중국식 사회주의'[有中国特色的社会主义]가 정치개혁과 경제개혁의 불균형을 초래하게 되었으며, 이로 인한 민주화 요구 시위와 1989년 6·4 톈안먼 사태로 덩샤오핑의 정부는 좌절을 맞게 된다.

당시 중국 정부는 사망자 수를 발표하지 않았지만, 해외 인권단체들은 사망자가 수천 명이 넘는 것으로 추정하고 있다. 현재까지 중국 정부는 이 사건을 '반혁명 폭동'으로 규정하고 있을 뿐, 1980년 광주의 5·18 민주화운동처럼 '운동'이 아닌 그저 '사건'으로 남아있을 따름이다.

반면, 비판적인 반체제 세력 및 서방 세계에서는 '톈안먼 광장 저항

2 천안문 사건은 다음 세 가지의 사건이 각각 존재한다.
① **1919년 톈안먼 사건** : 오사운동(五四運動, 중국 5·4 운동)은 1919년에 조선의 3.1 운동(1919년)의 영향과 러시아 혁명(1917년)의 영향을 받아 중화민국에서 확산한 반제국주의·반봉건주의의 혁명운동이다.
② **1976년 톈안먼 사건** : 1976년 톈안먼 사건 또는 제2차 천안문 사태라고도 부른다. 중화인민공화국에서 1976년 4월 5일에 있었던 대중 반란으로, 문화 대혁명 이래의 마오쩌둥주의 절대화 풍조와 마오쩌둥식 가부장적 체제에 대한 민중의 저항을 나타낸 사건이었다.
③ **1989년 톈안먼 사건** : 본문에서 말하고 있는 1989년 6월 4일의 89년 민주운동.

시위' 또는 '톈안먼 광장 도살', '89년 민주운동'이라고 칭한다. 지금도 매년 6월 4일을 전후하여 천안문 광장에는 대륙 공안이 대규모로 배치되어 만일의 사태에 대비하고 있다.

중국의 검색엔진에서 톈안먼 사건은 검색이 되지 않는다. 그래서 은어인 5월 35일(5월 31일+4일), VIIV(로마숫자 64), 82(8의 2승, 답이 64=6월 4일) 등으로 검색을 하기도 한다.

① 天천

[한자 天의 자형, 자원 연변]

商 갑골문　周 금문　秦 전서　漢 예서　現代 해서

갑골문은 '크다'라는 의미의 大대와 그 위의 네모 ▢ 혹은 두 획 二으로 구성되어 있다. 이 大대 역시 갑골문 등과 같이 사람의 정면 모습을 그린 상형자이다. 이 네모 ▢ 혹은 두 획 二은 사람 머리 윗부분을 나타내는 (추상적인 혹은 구상적인) 부호이며, 금문도 동일하다. 소전의 자형은 大대 위의 획이 한 획으로 줄었으나, 글자의 구조는 다름이 없다.

이 '天'천자가 '하늘'이라는 의미를 갖게 된 것은, 그러나 훗날의 일이다. 즉, '天'천자는 처음에는 사람의 머리 꼭대기를 뜻하는 '정수리'라는 의미로 사용되었다. 이후 '하늘'이라는 뜻으로 인신되자 '정수리'는 '머리 혈'(頁)이 더해진 '顚'(꼭대기 전)'이 담당하게 되었다. 이 '天'천자가 '하늘'의 의미로 인신된 것은 사람의 신체 부위 가운데 하늘과 닿는 부분이기 때문일 것이다.

육서로는 사람의 정면 모습과 그 위의 추상적인 부호가 더해진 합체지사자로 보기도 하나, 필자는 하늘을 나타내는 추상적인 하늘을 합쳐진 회의자로 보고자 한다. 사람 머리 위의 두 획 二을 구상적인 부호로 보느냐 추상적인 부호로 보느냐의 차이인데, 필자는 구상적인 부호로 간주한 결과이다. 그러나 금문의 자형은 누가 보아도 상형자이다.

허신은『설문해자』에서 "天천은 꼭대기이다. 지극이 높아 더 이상 위가 없다. 一일과 大대로 이루어져 있다."(天, 顚也. 至高無上, 从一大.)라고 하였으니, 회의자로 분석하였다. 특히 '天'천은 제부수가 아닌 <부수 一>일 아래에 두었으니, 일단 독체의 상형자는 아니며, 一일이라고 구체적으로 명기하였으니, 지사자로 분석한 것도 아니다.

이처럼 한 글자에 대한 육서의 분석이 다른 이유는 글자의 구조가 고대 자형에 있어서 각기 다르기 때문이다. 즉, 현대의 인쇄체처럼 하나의 자형으로 굳어지기 전에, 고대에는 여러 구조의 자형이 존재할 수밖에 없었던 데 그 까닭이 있다.

현재 '天'천의 뜻은 다음과 같이 많은데, 모두 인신의引伸義라 할 수 있다. ①하늘 ②하느님 혹은 모든 신을 통틀어 이르는 말, 천지만물을 주재하는 사람, 곧 조물주나 상제上帝 등 ③임금, 제왕, 천자天子 ④자연 ⑤천체天體, 천체의 운행 ⑥성질, 타고난 천성 ⑦운명 ⑧의지 ⑨아버지, 남편 ⑩형벌의 이름

② 安안

[한자 安의 자형, 자원 연변]

商 갑골문　　周 금문　　秦 전서　　漢 예서　　現代 해서

갑골문  자형은 宀[집] 속에 여자[女]가 양 손을 무릎 앞으로 교차한 채 앉아 있는 모양이다. 육서로는 두 독체자가 합쳐져 '편안하다'라는 새로운 의미를 만들어 냈으니, 전형적인 회의자이다.『설문·宀(집 면)부』에서도 "고요하다는 뜻이다. 女가 宀 아래에 있는 구조이다.(靜也. 从女在宀下.)"라고 하였다.

이 뜻으로부터 현재 우리는 '편안할 안'이라고 부르고 있다. 이 安안자는 '즐거움에 빠지다 / 즐기다, 좋아하다'의 뜻 이외에도 '어찌 / 이에(乃), 곧 / 어디에'라는 인신의까지 갖게 되었다.

그런데 '宀'은 우리가 '갓머리'라고 부르나, 사실 이 글자의 정확한 음훈은 '집 면'이다. 즉, 집의 지붕을 상형한 글자인데, 우리나라에서 그 모양 때문에 머리에 쓰는 '갓'으로 그 의미를, '머리'로 이 글자가 위치하는 위치를 합쳐서 부른 것이다. 이렇게 우리나라에서 부수를 부르는 명칭은 다소 사실과 다르게 부르는 경우가 많다.

③ 門문

[한자 門의 자형, 자원 연변]

商 갑골문　周 금문　秦 전서　漢 예서　現代 해서　現代 간체

이 글자는 누가 보아도 문을 그린 모습의 상형자이다. 그런데 마치 서부 영화에 나오는 어느 술집의 문처럼 생겼다. 그런데 금문의 세 번째 자형은 이 문이 당시 동굴이나 움막의 형태였음을 알려주는 혈(穴)의 구조가 위에 덥혀져 있다. 즉, 혈거(穴居)의 상황에서 생긴 문의 모습임을 짐작할 수 있다.

하지만 나머지 자형들은 모두 독체의 상형자이다. 『설문해자』에서도 "('門'문은 듣는다[聞문]는 뜻이다. 두 개의 '戶'호로 구성되었다. 상형이다. 門문부에 속하는 한자는 모두 門문의 의미를 따른다.(門, 聞也. 从二戶. 象形. 凡門之屬皆从門.)"이라고 하여 상형자로 분석하였다.

그런데 왜 허신은 열고 닫는 '출입'의 문[門]문을 귀로 소리를 '듣다'의 문[聞]문으로 풀이를 하였을까?

『설문해자』에 주석 작업을 한 청대 단옥재段玉裁의 풀이에 의하면 "첩운疊韻으로써 풀이[訓훈]를 한 것이다. 문 밖에서 안의 소리를 들을 수 있고 문 안에서 밖의 소리를 들을 수 있기 때문이다.(以疊韻爲訓. 聞者, 謂外可聞於內. 內可聞於外也.)"라고 하였다.

소리를 들을(聞문) 수 있으니 문(門문)이라는 뜻인데, [聞문]=[門문]이라니 쉽게 이해가 되지 않는다. 이는 글자의 '의미'를 '발음'으로 풀이한 것이다. 사실 소리와 의미, 의미와 소리는 아무런 관계가 없는 자

의적인 관계이다. 필연적인 관계가 아니라는 말이다. 그럼에도 불구하고 허신이 살았던 한대 당시까지 이렇게 한자의 '소리'로 '뜻'을 풀이하는 방법이 성행하였었다.

이른바 성훈聲訓[3]이라는 방법이다. 예를 들면 "흙[土]토의 뜻은 토하다[吐]토이다. 능히 만물을 토해 생겨나게 한다.(土, 吐也. 能吐生萬物也.[釋天])", "가죽[皮]피의 뜻은 덮다[被]피이다. 몸체를 덮은 것을 말한다.(皮, 被也, 被覆體也.[釋形體])", "정치[政]정의 뜻은 바르다[正]정이다. 아랫사람들이 바른 것을 취하게 하는 바다.(政, 正也, 下所取正也.[釋言語])"라는 것 등이다.

이러한 풀이를 집대성한 저작이 유희劉熙[4]의 『석명』釋名이다. 이 『석명』의 해석에 대해 사람들은 수긍하였다. 나아가 한자의 이러한 오묘한 현상에 대해 (그 이유는 정확히 이해하지 못하였지만) 사람들은 신비스러워하며 탄복하게끔 된다. 그래서 이러한 풀이가 춘추전국시대 제자백가의 저작에 적지 않게 이용되었다. 세상을 주유하며 자신의 뜻을 펼치고자 하는 유세遊說하는 백가들이 사람들을 설득하는 데 더없이 좋은 효과를 냈던 것이다.

그러나 현재의 언어학적인 관점에서 보면 이는 비학문적인 풀이이다. 앞에서도 말했다시피 글자의 '의미'와 '발음'은 전혀 필연적인 관계가 없기 때문이다. 그럼에도 불구하고 『석명』의 풀이는 대부분 일리가 있다. 그래서 해당 단어의 뜻을 이해하는 데 많은 시사를 준다. 나아가 당시 사람들의 한자에 대한 풀이와 철학을 엿볼 수 있게 한다. 이는 중국 고대의 어원학의 하나이다. 한자를 그 '모양' 즉 형체에 의거해 뜻을 풀이한 어원학의 저작이 『설문해자』라면, 한자를 그 '발음'에 의거해 뜻을 풀이한 저작이 『석명』인 것이다.

하지만, 『석명』의 몇몇 해설은 지나치게 주관적이다. 필연적이 않고

3 **성훈**(聲訓) : 진대(秦代) 이전의 전적에서 자주 사용하던 훈고(訓詁)의 방법이다. 음훈(音訓)이라고도 한다.

4 **유희**(劉熙) : 저자 유희는 동한 때의 사람이다. 한나라 말 때의 유명인사로 오경(五經)에 두루 통달했다. 그의 저작 『석명』20편은 『이아』의 체제를 모방한 것이다. 독음이 같거나 비슷한 글자에 근거해 뜻을 해석한 성훈법을 활용해 어원학의 한 갈래를 개척하였다.

자의적인 '의미'와 '발음'을 억지로 맞추려 했기 때문이다. 다만, 이러한 어원학적 성과를 1700년 전인 춘추전국시대에 거두었다는 것은 대단한 일이다. 글자의 뜻을 '발음'에 의거해 풀이한 세계 최초의 어원학 저작인 셈이다. 이러한 성훈(聲訓)의 방법은 후대 학자들이 '소리에 근거해 의미를 찾는 이른바 [인성구의]'因聲求義라는 언어학적 연구 방법에 커다란 영향을 미쳤다.

2) 덩샤오핑의 남순강화南巡講話

톈안먼 사건으로 민주화 운동을 지지하고 시위를 확대시킨 책임을 진 자오쯔양(趙紫陽, Zhào Zǐyáng, 1919~2005) 중국 공산당 총서기는 연금에 처해졌고, 중국의 혼란을 지지한 서양 세계와의 외교 관계가 악화되었다.

자오쯔양의 후임에 장쩌민(江澤民, Jiāng Zémín, 1926~)이 승계하게 된다. 그러나 형식상 최고일 뿐, 그는 보수파와 개혁파 사이에서 헤매고 있었다.

덩샤오핑은 톈안먼 사태 후 보수파의 압력으로 베이징을 떠나 권좌에서 물러나기 했지만, 아직 실권을 잡지 못한 장쩌민을 깨우치기 위해 제2의 개혁개방을 추진한다. 비록 그의 시장경제로의 개혁은 후퇴할 수밖에 없었지만, 그는 1992년 1월 말부터 2월 초까지 상하이上海, 선전深圳, 주하이珠海 등 남방 경제 특구를 순시하면서 더욱더 개혁과 개방을 확대할 것을 주장한다. 곧, 중국 지도부의 보수적 분위기를 타파하기 위해 남방을 순회하면서 개혁개방을 촉구하는 담화(연설)을 발표한다. 이것이 그 유명한 '남순강화'南巡講話이다. 그의 나이 88세 때의 일이다.

이 담화는 1989~1991년 기간 중 정부가 실시한 긴축정책으로 경제가 경색되자, 이를 극복하기 위해 다시 한 번 경제 개혁과 개방으로 경제 활성화를 이루고자 하는 내용이다. 그는 다음과 같이 말한다.

> "개혁개방 정책을 수행할 때 우리가 우려해야 할 것은 다급함이 아니라 주저함이다. 국가는 이 정책이 필요하고 인민은 이것을 좋아한다. 누구든 개혁개방 정책에 반대하는 자는 바로 물러나야 한다."

지방으로부터의 호응에 힘입어 같은 해인 1992년 10월 개최된 제14차 공산당 대표대회 보고서에 거의 전문이 수록되었고, 사회주의 시장경제론을 천명하게 되는 기초가 되었다. 현재의 중국을 낳은 선언적 의미가 크다.

하지만 당연하게도 보수적인 베이징의 지지를 받지는 못하였다. 그럼에도 불구하고 그의 남순강화는 부자가 되고자 하는 중국 인민의 마음을 움직이기에 부족함이 없었다. 1989년 8.4%까지 떨어진 경제 성장률이 1992년 12.5%, 1993년 13.8%로 급등했다. 중국 경제는 또다시 고속성장 궤도에 진입한 것이다.

덩샤오핑이 구국의 영웅으로 다시 살아나는 순간이기도 하다. 천안문 사태 당시 마오쩌둥보다 더한 독재자라는 비난을 받았던 그는 더 이상 없었다. 그의 마술이 보란 듯 실현된 것이다.

중국 민족은 예로부터 상업에 능한 민족이라는 대외적 평가를 받아왔다. 갑골문으로 역사를 쓴 상商나라의 '商'상자가 현재 상업商業이라는 의미로 쓰이고 있지 않는가? 그는 인민의 마음을 움직였을 뿐 아니라, 서방 자본은 거대한 투자의 땅인 중국을 결코 포기하지 않을 것이라는 사실을 이미 간파했다 할 수 있다.

그러나 이러한 경제적 위기 탈출에도 불구하고, 현재의 중국은 민주화가 진척되었다고 보기 어렵다. 중국 인민들도 중국의 민주화가 요원하다는 사실을 모르고 있지는 않다. 공산당 일당독재의 부정부패가 심하다는 것을 뼛속깊이 알고 있을 것이다. 어쩌면 중국인들의 마음에는 자신도 공산당이 되어 그들처럼 부정부패를 통한 '부자'가 되고픈 욕망이 있을지도 모른다. 그래서 용인하는 것일까? 아니면 어제보다 오늘이 좋고 오늘보다 내일이 좋을 것이라는 믿음이 있기 때문일 것일까?

중국이 전정한 G1 국가가 되기 위해선 사회적 민주화를 비롯한 인권과 부정부패 척결 등 넘어야 할 산이 많다. 현재의 대국인 미국은 오히려 그것을 적절히 이용하고 있는지도 모른다.

① 講강

[한자 講의 자형, 자원 연변]

秦 전서　漢 예서　現代 해서　現代 간체

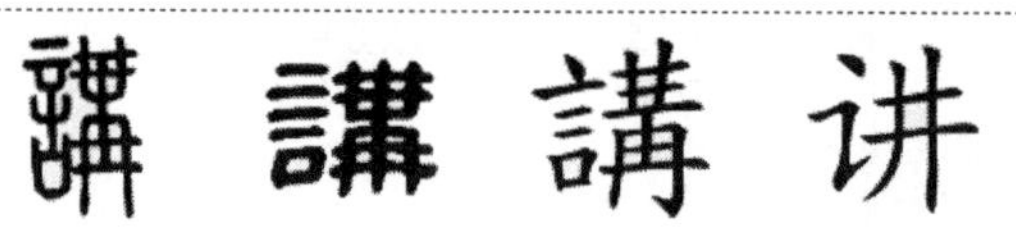

이 글자는『설문해자』의 전서체에 처음 보인다. 言언과 冓구의 결합이며, 冓구가 성부이다.『설문해자』에서도 "화해의 의미이다. 言과 성부를 담당하는 冓구의 결합이다.(𧬄和解也. 从言冓聲. [言部])"라고 하였다. 그런데 현재 이 講강자의 우리 발음은 '강'이며, 冓구는 '구'이다. 현대 중국어 발음은 [jiǎng]이어서 성부자인 冓의 발음 '구'와 전혀 일치 하지 않는다. 왜인가? 이는 冓구가 講강의 전체 발음이 아닌 어두자음인 성모聲母만을 나타낸다는 의미로 보는 게 맞다.

'화해'라는 풀이는 말[言언]이 서로 얽히듯이[冓구] 쌍방이 교섭을 진행하는 모습을 반영한 것이다. 이때 冓구가 의미뿐만 아니라 발음까지 담당하고 있으니, 이 講강자는 회의겸형성자이다.

冓구의 갑골문 자형은 등으로서 물고기 두 마리가 서로 입을 맞대듯이 '서로 만나는' 모양의 회의자이다. 현재의 遘만날 구, 構얽을 구와 서로 통하는 글자이다. 이 冓구의 의미가 講강에 반영된 것이다.

이 의미가 인신되어, 논술論述, 평론評論, 회의會意의 의미까지 갖게 되었다.

② 話화

[한자 話의 자형, 자원 연변]

周 금문 秦 전서 現代 해서 現代 간체

이 글자도 갑골문에는 보이지 않고 금문에 보인다. 금문 의 좌우 자형과 자형은 각각 모두 혀의 모양인 舌설로서, 발성기관의 상형이다. 『설문해자』에서도 "좋은 말들을 합친 것이다. 言언과 𠯑괄의 발음을 따른다.(合會善言也. 从言𠯑(괄, guā)聲. [言部])"라고 하였다. 사실 자형 𠯑괄은 氏씨와 口구의 결합인데, 이는 다름 아닌 입안의 혀[舌]설을 그린 모양이다. 이 𠯑괄이 의미뿐만 아니라 발음까지 담당하고 있기 때문에 단순한 형성자가 아닌 회의겸형성자로 분석한다.

『설문해자』에 실린 또 다른 자형인 주문의 는 言언과 會회가 결합한 모양을 반영한 풀이로 보인다. 동시에 허신은 話화의 오른쪽 부분을 𠯑괄로도 분석하였는데, 예서 이후에 舌설로 바뀌어 해서의 話화가 되었다.

제3절 중국의 경제와 무역

1. 사회주의 시장경제

중국의 1978년[1]은 그들의 현대사를 새로이 쓰기 시작한 시점이다. 덩샤오핑에 의해 그 역사는 개혁개방이라는 날개를 단 것이다. 중국 현대 정치의 2세대 지도자[2]인 덩샤오핑은 1978년 중국공산당의 11기 3중전회에서 계획경제의 포기를 선언하면서 개혁개방을 기치로 한 이른바 '중국식 사회주의'[有中国特色的社会主义]의 길로 들어선다.

그 이전의 1세대 지도자인 마오쩌둥 시기의 중국의 경제체제는 소련(Soviet)식 계획경제였다. 소련의 경제 체제는 경제 계획과 기업의 생산을 국가가 일방적으로 관리하는 방식으로서, 기업은 자주권이 없이 오직 상부의 지시에 따라 생산하고 그 생산물은 시장이 아닌 국가에 헌납한다. 이른바 사회주의 계획경제로서, 그 목표는 효율적인 소득 분배와 낮은 빈곤률 및 실업률에 기반을 둔 세계 최대 규모의 중산층이었다.

그러나 1920년대에 들어서서 계획 경제의 문제점이 크게 부각되었고, 레닌은 부분적으로 시장요소를 도입한 '신경제정책'을 실시하였다. 소련은 1928년부터 스탈린이 추진한 5개년 계획이 성공하면서 거대한 경제 발전을 이룩하였으며, 1938년에는 세계 2위의 경제 대국이 되었다. 제2차 세계 대전에도 불구하고, 소련은 오히려 1960년대까지 높은 경제 성장률을 기록했다.

하지만 그 성장은 오래 가지 않았다. 1970년대부터 소련의 경제는 침체되기 시작했으며, 이는 다름 아닌 계획 경제의 비효율성으로 인

1 덩샤오핑은 1978년 중국공산당의 11기 3중전회에서 계획경제의 포기를 선언하면서 이른바 중국식사회주의의 길로 들어선다.

2 중국은 1949년 중화인민공화국이 성립된 이후 세대별로 그 지도자를 구분한다.
1세대 지도자 毛泽东(Máo Zédōng), 周恩来(Zhōu Ēnlái), 刘少奇(Liú Shàoqí) : 毛泽东을 중심으로 한 대장정 세대이다. 공산당 창당 이후 국공내전과 항일전쟁을 거쳐 중화인민공화국을 건국한 세대이다.
2세대 지도자 邓小平(Dèng Xiǎopíng), 胡耀邦(Hú Yàobāng), 赵紫阳(Zhào Zǐyáng) : 이들 역시 중국혁명에 참가했던 혁명 1세대들이지만, 자본주의 노선을 주장하는 파[走资派]라는 죄명으로 毛泽东에 밀렸던 인물들이다. 毛泽东 사후 邓小平은 실용주의 사상에 침체되어 있는 중국을 개혁과 개방의 새 길로 이끌어 간다. 기존의 계획경제와 시장경제를 절충한 '혼합경제'체제이다.

3세대 지도자 江泽民(Jiāng Zémín), 朱镕基(Zhū Róngjī), 李鵬(Lǐ Péng) : 이 시기 중국의 경제는 크게 발전하였지만, 반면 성장의 폐해로 부의 양극화와 환경 문제가 발생한 시기이기도 하다.
4세대 지도자 胡锦涛(Hú Jǐntāo), 吴邦国(Wú Bāngguó), 温家宝(Wēn Jiābǎo) : 이 시기 지도부의 특징은 중국 농촌의 심각성을 이해하고 있었다는 점과 지역 불균형과 부의 분배에 대해 적극적으로 해결하려고 노력했다는 점이다.
5세대 지도자 习近平(Xí Jìnpíng), 李克强(Lǐ Kèqiáng), 张德江(Zhāng Déjiāng) : 내수 시장의 확대와 삶의 질 향상에 치중한 지도자로서 특히 부정부패의 척결에 강한 의지를 보여준 시기이기도 하다.

한 것이었다.

이를 지켜보았을 지도자 덩샤오핑의 고민도 마찬가지였다. 즉, 생산력의 확보 및 인민대중의 지지, 그리고 공산당과 공산주의의 지위 확보라는 난제를 풀기위해 시장경제를 도입하면서 제시한 것이 이른바 '중국식 사회주의'이다. '중국식'이라는 것은 사회주의란 어떤 고정된 모델이 아니며 각 나라의 실제 상황에 맞추어 마르크스주의의 보편 진리가 결합되어 실현된다는 것이다. 그의 검은 고양이이건 흰 고양이이건 쥐만 잘 잡으면 된다는 '흑묘백묘론'黑猫白猫論과 다르지 않다. 비록 1989년 6·4 톈안먼 사태 등 중국의 민주화 요구로 덩샤오핑 정부는 좌절을 맞게 되었지만, 이는 현재 중국 경제의 기본 노선이기도 하다.

이 시장경제의 성공은 경제체제를 바꾼 지도자의 능력도 중요하지만, 사실 중국인들의 부에 대한 강력한 내적 갈망을 밖으로 끌어낸 결과라고 해도 과언이 아니다. "집 안에 있는 무슨 물건이든 시장에 내다 팔아라. 그 수입은 '국가'가 아닌 '나'의 것"이라는 덩샤오핑의 이 경제체제는 고대로부터 경제와 이윤에 밝은 중국인들로 하여금 계획경제에 억눌렸던 개인 소득에 대한 갈증과 부자가 되고자 하는 욕망을 순식간에 해결하고 방출시킨 자연스러우면서도 당연한 체제이기 때문이다.

현재 중국 경제는 '경제개발 5개년 계획'으로 간단하게 불리는 '중화인민공화국 국민경제 및 사회발전 5개년 계획'中华人民共和国国民经济和社会发展五年规划으로 대표된다.

2019년 현재 제13차(十三五规划 : 2016年~2020年)를 맞고 있는 중국의 경제개발 5개년 계획[3]은 1953년, 그러니까 1949년 중화인민공화국이 성립된

3 정식 명칭은 중화인민공화국 국민경제 및 사회발전 5개년 계획(中华人民共和国国民经济和社会发展五年规划)이다.

이후 4년이 지나서 처음 시작되었다. 이 5개년 계획은 국가가 주도하는 국민 경제 발전에 대한 중장기적 목표와 방향을 설정하는 핵심 정책으로서, 중국 공산당과 중앙정부가 추진한다. 이 계획이 추진하는 양적 목표는 대부분 그 목표를 초과달성하였다.

우리나라는 1961년 5 · 16 군사정변 직후 민주당 정권이 짜놓았던 경제개발 5개년계획을 토대로 1962년부터 경제개발 5개년 계획이 시작된 것에 비해 중국이 빨랐지만, 중국은 1966년부터 1976년까지 10년간 중국의 마오쩌둥에 의해 주도된 극좌 사회주의운동인 문화대혁명 때문에 우리나라보다 약 20년 늦게 산업화가 시작되었다고 할 수 있다. 하지만 21세기 중국의 13차 경제개발 5개년 계획은 1인당 GDP가 세계은행이 정의한 고소득국가인 1,2616달러 이상을 그 목표로 제시하고 있다.

① 市시

[한자 市의 자형, 자원 연변]

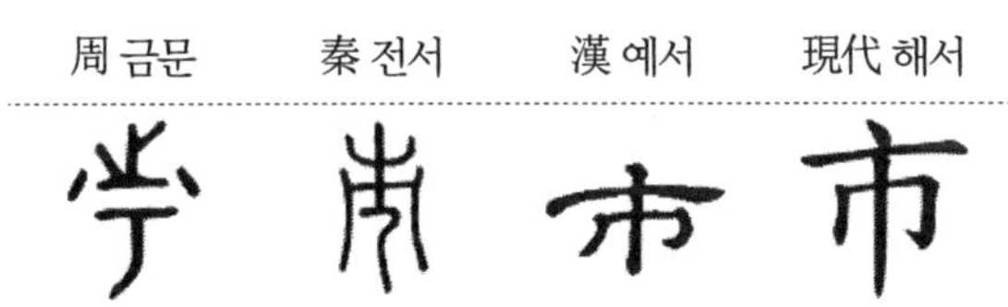

금문 의 윗부분 자형은 식물이 위를 향해 자라는 모습으로서 '앞을 향하다'라는 뜻으로 인신되었고, 현재 '가다'라는 의미의 '止지=㞢'에 해당한다.

止지가 왜 '그치다, 멈추다'의 의미가 아닌 '가다'라는 의미인 까닭은 고대 문자를 통해 확인할 수 있다. 즉, 止지의 갑골문과 금문은 각각이며, '가다'라는 의미를 분명히 갖고 있는 之지의 갑골문과 금문도 止지와 유사하게 각각 이다.

이들 자형은 사람의 발이 위를 향하고 있는 모습의 止지와, 그 발아래에 땅을 의미하는 직선이 그어진 모습의 之지로서, 어딘가로 부터 오는 것이 아닌 어딘가를 향해 '나가다'의 의미를 담고 있다. 이 '止'지는 고대에 이체자異體字 '㞢'로도 사용되었었다.

금문 의 아랫부분 ㄱ자형은 의성어로서 물건을 사라고 외치는 소리를 나타내고 있으며, 현재의 어조사語助辭인 兮혜에 해당한다.

결과적으로 市시는 어딘가를 향해 가는 발[止 / 之]와 그곳에서 사람들이 떠드는 소리[兮]가 결합된 구조이며, [止 / 之]가 성부를 겸하고 있는 회의겸형성자이다.

한편, 이와는 달리 옷[巾]건을 차려 입고 장보러 간다[之]지는 뜻을 합하여 '시장'을 뜻하는 회의자로 보는 견해도 있으나, 수건 건(巾)의 갑골문과 금문은 으로서 市시의 고대 자형과 일치하지 않기 때문에 회의자는 아니다. 이렇게 市시를 巾건과 之지의 결합으로 보는 이유는 진대秦代의 전문篆文 혹은 한대의 예서 자형에 있어서 市시의 ㄱ(兮혜) 부분이 巾건과 유사하게 변했기 때문이다. 그도 그럴 것이 예서와 해서로서는 그 의미를 찾아보기 어렵다.

市시자는 『설문해자』의 「冂」部문부에 "(물건을) 매매하는 곳이다. 시장에는 담장(垣)이 있다. 冂(먼데 경)과 乛야의 결합이다. 乛야는 고문의 ('다다르다, 미치다'의) 及급으로서, 물건들이 서로 (미치는) 다다르는 것을 상형하였으며, 之지는 그 모양이 간략하게 변했지만 성부를 담당하고 있다.[省聲](買賣所之也. 市有垣, 从冂从乛. 乛, 古文及, 象物相及也. 之省聲.)"라고 하였다.

이는 市시의 전문인 자형에 의거한 분석이다. 즉, 冂(먼 곳)+ ㇂

(古文의 及)+ㄓ(省聲)의 구조로서, "물건들이 먼 곳[冂](먼데 경)으로부터 와서 함께 모여 있다.[及](미칠 급) ㄓ(갈 지)는 생략된 모양의 성부이다." 라는 풀이이다. 冂(먼데 경)을 '담장'의 의미로 풀이할 경우 "담장을 두른 곳[시장]에 (물건들이) 모여 있다. ㄓ는 생략된 모양의 성부이다."로도 풀이할 수 있다. '之省聲'지생성이라 하여 갑골문으로부터 약 1500년 후인 한대시기임에도 불구하고 '之'지가 형부이자 성부임을 정확히 나타내고 있다.

'상품을 팔고 사는 시장의 의미의 저자, 저잣거리'라는 본의를 바탕으로 '장사, 거래, 매매 / 사다 / 팔다 / 장사하다'의 인신의와 사람이 많이 모여 물건을 사고팔기에 '행정 구획의 단위' 등 인신의가 발생하게 된다.

인신의는 본의의 확장이다.

② 場장

[한자 場의 자형, 자원 연변]

秦 전서	漢 예서	現代 해서	現代 간체

『설문해자』 전서체의 場은 뜻을 나타내는 '흙 土'토와 음을 나타내는 '昜(양→장)'이 합하여 이루어진 형성자이다. 그런데 昜(별 양)이 '장소'라는 의미를 갖기 때문에 회의겸형성자로 보는 게 더 타당하다.

昜양의 갑골문, 금문, 전문 자형은 昜 昜 昜 으로서 모두 흙을 쌓아

높이고 위를 평평하게 한 장소의 모양이다. 고대에는 제단이었을 것이며, 훗날 '여러 사람이 모이는 넓은 장소'로 그 의미가 확장[인신]되었다. 『설문 · 土(흙 토)부』에서도 "신을 모시는 평지이다. 한편으로는 밭이나 경작하지 않는다라고도 하고, 또 다른 한편으로는 곡식을 경작하는 밭이라고도 한다. 형부인 土와 성부인 昜의 결합이다.(祭神道也. 一曰田不耕, 一曰治穀田也. 从土昜聲.)"라고 하였다. 허신은 형성자로 보았으나, 필자는 昜양이 '흙으로 이루어진 장소'를 또한 나타내고 있기에 昜양이 성부도 겸하는 회의겸형성자로 분석한다.

'마당'이라는 본의 이외에 '구획區劃 / 때(시기), 경우 / 곳, 장소 / 밭, 논밭 / 들판, 일구지 않은 땅 / 무대舞臺 / 시장, 장터' 등의 인신의가 있다.

결국 '시장'市場은 '사람들이 먼데서부터 와서 모이는 장소'인데, 그곳에서 물건을 사고팔기에 오늘날 market의 의미를 갖게 되었다.

이 '시장'은 거래를 위해 여러 사람이 모이니, 현재 '시'市가 City의 개념으로 존재하며, 우리나라의 전통 시장인 '장'場에도 market의 개념이 남아있다.

③ 經경

[한자 經의 자형, 자원 연변]

周 금문	秦 전서	漢 예서	現代 해서	現代 간체

금문 은 천을 짜는 베틀, 즉 직조기織造機 위에 걸린 세 줄의 선을 그린 상형자이다. 북에 걸린 실이 베틀 사이로 지나는 모습이며, 실이 세로로 걸려 있으니 씨실이 아닌 날실이다.

전국문자 이후에 이 줄이 천을 짜는 실이라는 것을 명확하게 하기 위해 왼쪽에 다시 실 [糸](가는 실 사)를 더했다. 이때부터 經경자는 '从糸, 巠聲'종사경성(糸의 의미+巠의 소리)의 구조가 되었으며, 巠경이 의미도 담당하고 있으니, 회의겸형성자이다. 최초의 상형자에서 회의겸형성자로 그 구조가 구체화되었다. 허신은 『설문 · 糸(가는 실 사)부』에서 "織也. 从糸巠聲.(베를 짜는 것이다. 糸사의 의미와 巠경의 소리가 결합된 구조이다.)"라고 하여 형성자로만 분석하였으나, 이는 금문 자형을 참조하지 못했기 때문이라 추측한다.

한편, 베틀에서 옷감을 짤 때 실들이 서로 교차하는데, 이때 세로로 놓인 실을 날실, 가로로 놓인 실을 씨실이라 부른다. 위 經경자의 금문 에서 실의 방향이 세로로 놓여있으니, 날실임을 분명히 하였다. 그래서 지구를 남극과 북극을 지나는 평면으로 잘랐을 때, 그 평면과 지구 표면이 만나는 가상적인 선이 경도經度라 하며, 본초자오선本初子午線[4]을 중심으로 동쪽은 동경東經, 서쪽을 서경西經이라 한다.

자오선이란 천간天干의 12지지地支에 해당하는 子자, 丑축, 寅인, 卯묘, 辰진, 巳사, 午오, 未미, 申신, 酉유, 戌술, 亥해 가운데 子時자시와 午時오시를 지나는 선이다. 자시는 밤12시(00시), 오시는 낮 12시를 나타내기에 '본초자오선'은 '밤12시와 낮12시가 근본적으로 시작되는 선'이란 의미를 지니는 것이다.

그 반대의 선인 가로의 선은 위도緯度라 하는데, 허신은 『설문 · 糸(가는 실 사)부』에서 "織橫絲也. 从糸韋聲.(가로 실을 짜는 것이다. 糸사의

4 본초 자오선 (prime meridian)은 영국 그리니치의 그리니치 천문대를 지나는 자오선으로서 경도의 기준이 된다. 현재의 경도 0°는 1884년에 지정되었는데, 그리니치 천문대를 지나는 자오선을 기준으로 정한 것이다. 그리니치가 기준이 된 데에는 특별한 이유나 기준은 없다. 그저 자기네들 맘대로 정했을 따름이다. (현재 그리니치천문대는 케임브리지로 이전했지만) 1935년부터는 이 자오선을 기준으로 하는 그리니치시(時)가 세계시로서 국제적 시간계산에 쓰이게 되었다. 그래서 이 본초자오선을 기준으로 동서로 각각 15도씩 경선을 긋고, 이 선을 따라 1시간씩 시차가 있게 된다. 우니나라는 동경 135도선을 기준으로 표준시간을 정하므로 세계시보다 9시간 빠르다.

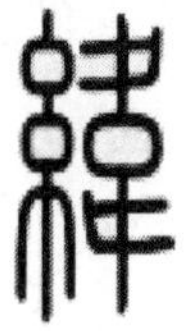

緯의 소전체

의미와 韋위의 소리가 결합된 구조이다.)"라고 형성자로 분석하였다. 그러나 이 緯위자 역시 오른쪽의 韋위가 '가죽'으로서, 실로 가죽을 꿰매는 의미도 담당하고 있기에 緯위 또한 회의겸형성자이다.

이 經경자는 실을 엮어 천을 짜듯이 개체를 모아 단체를 조직하므로 '다스리다, 경영하다'의 의미도 갖게 되었으며, 이 외에 '글 / 경서經書 / 날실 / 불경佛經 / 길 / 법法 / 도리道理 / 경계境界'의 의미로도 인신되어 사용되고 있다.

④ 濟제

[한자 濟의 자형, 자원 연변]

周 금문 秦 전서 現代 해서

이 글자는 금문에 처음 보이는데, 소전에서는 확연히 '从水齊聲'종수제성(水의 의미+齊의 소리)의 구조이다. 이때 글자의 오른쪽 齊(가지런할 제)의 갑골문과 금문 자형은 각각 으로서, 모두 곡물의 이삭이 위를 향해 자라는 모습을 그린 상형자이다. 이 이삭들이 가지런히 돋아 있으니, 여러 물건들이 '가지런하다', '단정하다'라는 뜻을 갖게 되었다.

다만, 현재의 齊제자는 소전 시기부터 모양이 많이 변해서 亠(돼지해머리 두)자와 刀(칼 도)자와 같은 다양한 글자가 결합되었다. 하지만 갑골문과 금문은 대단히 간단한 상형자의 모습으로서, 여전히 齊제자가 다른 글자와 결합할 때는 대부분이 가지런함과 관계된 의미를 보유하고 있다.

[한자 濟의 자형, 자원 연변]

商 갑골문　周 금문　秦 전서　漢 예서　現代 해서　現代 간체

이 '가지런하다'라는 의미의 齊제와 '물' 水수가 결합되어 '가지런히 흐르는 물'을 가리키거나 또는 그 '물을 건너다'는 의미를 갖게 되었다. '물을 건너게 해주다'라는 의미로부터 '어려움에서 구제하다'는 파생된 의미도 있다.

결과적으로 濟제는 '从水齊聲'종수제성(水의 의미+齊의 소리)의 형성자를 넘어선 '从水齊亦聲'종수제역성(水의 의미+齊의 소리와 의미)의 구조인 회의겸형성자로 보는 게 더욱 타당하다.

한편, 춘추전국시대에 패권을 다투었던 7웅 중의 하나였던 齊제 나라[5]에는 중국의 4대 하천의 하나인 큰 강이 있는데, 곧 濟水제수이다. 나라이름 齊제와 강 이름 濟水제수 가운데 어느 것이 먼저인지는 확인이 필요하나, 이 나라 이름과 강 이름은 분명 서로 연관이 있을 것이다. 서로 의미와 발음으로 영향을 주고받은 것이다. 나라이름 齊제는 濟水제수처럼 백성을 '가지런히' 잘 '다스려' '어려움으로부터 구제'한다는 의미를 담고 있다 할 수 있다.

결국, 경제經濟는 위의 경經과 제濟의 개념이 합쳐진 경세제민經世濟民의 준말임을 알 수 있다. 즉, 세상을 경영하고 백성을 구제한다는 의미이다.

5 춘추전국시대에의 제(齊)는 현재 산동성(山東省) 지역이다. 산동성의 성도(省都)는 제남(濟南)으로서, 고대 제(齊)나라의 흔적이 그 이름에 남아있다.

2. 중국의 세계적 기업

중국의 대기업을 알아보기 전에 먼저 세계적인 대기업이 궁금하다. 세계적인 시장조사기관인 칸타 밀워드 브라운Kantar Millward Brown / www.millwardbrown.com)[6]의 2018년 「Top 10 Most Valuable Global Brand」는 다음과 같다. 오른쪽 끝의 숫자는 2017년 대비 브랜드가치의 변화율이다.

Top 10 Most Valuable Global Brands

$ = Brand Value US $MIL. % = Brand Value Change 2018 vs. 2017

#1	Google	Technology	$302,063	+23%
#2		Technology	$300,595	+28%
#3	amazon	Retail	$207,594	+49%
#4	Microsoft	Technology	$200,987	+40%
#5	Tencent 腾讯	Technology	$178,990	+65%
#6	facebook	Technology	$162,106	+25%
#7	VISA	Payments	$145,611	+31%
#8	McDonald's	Fast Food	$126,044	+29%
#9	Alibaba Group 阿里巴巴集团	Retail	$113,401	+92%
#10	AT&T	Telecom Providers	$106,698	-7%

BRANDZ TOP 100 - Most Valuable Global Brands 2018 참조

위 보고서에 의하면 10대 기업 가운데 중국 기업으로는 5위 Tencent와 9위 Alibaba Group 두 개가 보인다. 나머지는 모두 미국의 기업이다. 한국과 일본은 없다.

6 **칸타 밀워드 브라운** : 광고/커뮤니케이션/브랜드 관리에 있어 최고의 솔루션을 보유한 조사업체로서, 닐슨컴퍼니에 이어 세계 2위의 시장조사기관인 칸타 그룹의 일부다.

10위 이외의 11위부터 100위까지의 한중일 3개국만 순위를 간추리면 다음과 같다.

순위	Brand	Category	Brand Value 2018 $Mil.	Brand Value % Change (2018 vs. 2017)	Rank Change	Country of Origin
21	中国移动 China Mobile		46,439	−18%	−4	China
22	ICBC 中国工商银行	Regional Banks	45,853	+45%	+6	China
33	SAMSUNG	Technology	32,191	+34%	+4	Korea
36	TOYOTA	Cars	29,987	+5%	−6	Japan
41	Baidu 百度	Technology	26,861	+14%	−2	China
43	中国平安 PING AN	Insurance	26,141	+51%	+18	China
48	HUAWEI	Technology	24,922	+22%	+1	China
49	中国建设银行 China Construction Bank	Regional Banks	23,747	+27%	+5	China
55	NTT	Telecom Providers	22,377	+11%	−5	Japan
59	JD.COM	Retail	20,933	+94%	NEW	China
69	中国农业银行 AGRICULTURAL BANK OF CHINA	Regional Banks	19,141	+28%	+3	China
79	CHINA LIFE 中国人寿	Insurance	16,429	+18%	−1	China
84	中国银行 BANK OF CHINA	Regional Banks	15,607	+30%	+10	China
86	AIA HEALTHIER, LONGER, BETTER LIVES	Insurance	15,131	+29%	+11	China
90	SF EXPRESS 顺丰速运	Logistics	14,537	−	NEW	China
97	HONDA	Cars	12,695	+4%	−6	Japan

11위부터 100위 기업에 중국이 12개, 일본이 3개, 한국이 1개이다. 중국의 우위가 압도적이다.

보고서는 이어서 세계 100대 기업에 속한 국가를 다음과 같이 분석하고 있다.

Australia	Canada	China	France	Germany	Hong Kong	India	Indonesia
2 brands	2 brands	14 brands	4 brands	8 brands	1 brand	1 brand	1 brand

Italy	Japan	South Korea	Spain	Sweden	UK	US
1 brand	3 brands	1 brand	2 brands	1 brand	4 brands	55 brands

Source : BrandZ™ / Kantar Millward Brown

모두 15개 국가가 차지를 하고 있는데, 미국이 55개, 중국이 14개, 독일이 8개, 프랑스가 4개, 영국이 4개이다. 3개인 국가는 일본, 2개인 국가는 호주, 캐나다, 스페인이며, 1개인 국가는 홍콩, 인도, 인도네시아, 이탈리아, 한국, 스웨덴이다. 미국이 절반 이상이며, 중국은 미국에 비해 14개로 적긴 하지만, 독일과 프랑스, 영국을 합친 16개 보다 두 개 적으니, 그 규모가 결코 작지 않다.

다시 ASIA TOP 10만 보면 다음과 같다.

Rank	Brand	Category	Country of Origin	Global Top 100 Rank	Brand Value 2018 $ Million	Brand Value 2017 $ Million	Brand Value % Change 2018 vs. 2017
1	Tencent 腾讯	Technology		5	178,990	108,292	+65%
2	Alibaba Group 阿里巴巴集团	Retail		9	113,401	59,127	+92%
3	中国移动 China Mobile	Telecom Providers		21	46,349	56,535	-18%
4	ICBC 中国工商银行	Regional Banks		22	45,853	31,570	+45%
5	SAMSUNG	Technology		33	32,191	24,007	+34%
6	MOUTAI	Alcohol		34	32,113	16,983	+89%
7	TOYOTA	Cars		36	29,987	28,660	+5%
8	Baidu 百度	Technology		41	26,861	23,559	+14%
9	中国平安 PING AN	Insurance		43	26,141	17,260	+51%
10	HUAWEI	Technology		48	24,922	20,388	+22%

Source: BrandZ™ / Kantar Millward Brown (including data from Bloomberg

한국과 일본이 1개씩이고, 나머지 8개가 중국이다. 우리나라의 삼성은 겨우 세계 33위, 아시아 5위에 자리하고 있을 따름이다. 일본의 TOYOTA는 세계 36위, 아시아 7위이다.

중국은 이미 아시아를 넘어서 세계를 향하고 있다. 중국 10개 기업만 본다면 위의 8개 중국 기업 이외에 Moutai와 중국농업은행이 있다. Moutai는 다름 아닌 모태주茅台酒이다.

마오타이지우(茅台酒)　　중국농업은행

이제 중국의 두 대기업에 대해 알아보겠다. 단, 이 글은 기업체를 분석하는 것은 아니기에, 기업에 대한 개략적인 설명을 하고 이 저서의 목적인 기업명의 한자에 대해 살펴보겠다.

1) Tencent 腾讯(騰訊)

腾讯téngxùn은 중국의 종합 인터넷 회사이다. 게임 서비스를 주 종목으로 하며 포털 사이트, 메신저, 게임 등 각종 인터넷 관련 서비스를 제공하는 중국 최대의 IT회사이다.

1998년 마화텅(马化腾, Pony Ma)과 장즈둥(张志东, Tony Zhang)이 공동 창업하였다. 남아공의 미디어 기업인 나스퍼스(Naspers)가 창업자보다 약 3배가량 많은 지분을 보유하고 있으니, 실질적인 소유주는 중국이 아니라고 할 수도 있다.

본사는 선전深圳에 있는데, 이 도시는 1970년대 초반까지도 광저우广州와 홍콩香港 사이에 위치해있다는 장점에도 불구하고 장점이 부각되지 못했었다. 그러다가 덩샤오핑의 개혁개방정책에서 홍콩과 가까운 지리적 위치를 살려 광둥성广东省의 경제특구[7] 세 곳 중 하나로 지정되었고, 이에 따라 계획적으로 건설된 도시이다. 우리나라를 비롯하여 홍콩, 대만, 일본, 미국 등 많은 국가들의 기업들이 진출해 있다. 특히 바로 옆의 특별행정구인 홍콩과 바다 건너 가까운 대만의 기업이 많다. Tencent는 그 이점을 최대화한 기업이라 할 수 있다.

Tencent의 대표적 서비스로는 포털인 www.qq.com과 중국 내 거의 모든 컴퓨터에 깔려 있다고 하는 PC용 메신저인 서비스인 QQ 그리고 중국과 해외를 합해 8억 명이 넘는 가입자를 보유(2016년 9월 기준)한 모바일 메신저인 WeChat(Weixin, 微信) 이 있다. 전체적으로 서비스 양상은 네이버, 카카오와 비슷하다고 할 수 있다. 그래서 설립자 마화텅

7 **경제특구**(special econimic zone) : 수출가공을 위한 지역으로서 중국 본토에 설치된 특별구역이다. 즉, 외국인투자 유치정책의 일환으로 선정된 특정지역 또는 공업단지를 말한다. 외국자본과 기술의 활발한 국내유치를 유도하기 위해 각종 인프라 제공은 물론, 세제 및 행정적 특혜 등을 준다. 중국은 외국 자본의 도입을 위해 1979년 후반에 광둥성(廣東省)의 선전[深圳] · 주하이[珠海] · 산터우[汕頭], 푸젠성[福建省]의 샤먼[廈門:아모이]에 경제특구를 설치하였다. 이들 경제특구 안에서는 시장경제(市場經濟)가 주가 되고 자본주의적 요소가 유입(流入)된다. 본래 중국이 처음 설치하면서 사용되었으나 이후 그 긍정적인 효과가 확대되면서 공산권 국가나 저개발 국가는 물론이고 선진국에서도 유사한 정책을 취하고 있다. (참조 : 두산백과 및 한경 경제용어사전)

회장은 '펭귄들의 왕'으로도 불린다.

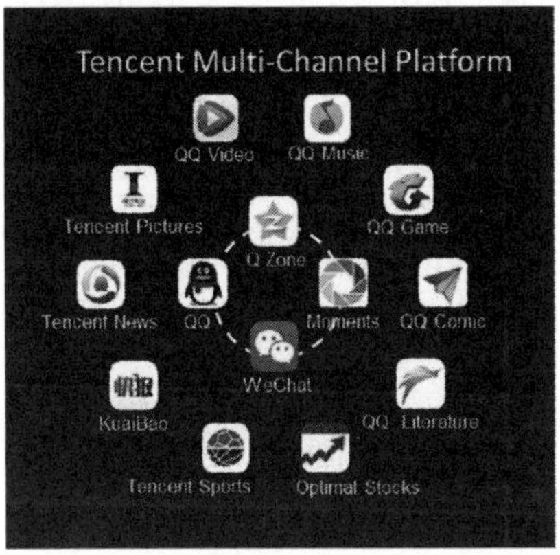

게임에도 많은 투자를 하여 League of Legend 를 제작한 라이엇 게임즈[8] 를 2011년에 인수하였다. 이외에도 Clash of Clans Hay Day , Boom Beach , Clash Royale 등으로 유명한 Super Cell 역시 Soft Bank[9] SoftBank 로부터 인수하였다. 또한 2012년에는 Kakao Talk을 서비스하는 Kakao에 직접 투자하여 2대 주주가 되었다.

과장되었지만 그러나 현실인 '거지도 스마트폰으로 구걸한다'는 웨이신 페이Weixin Pay 결제 서비스는 중국에서 현금 거래를 없앤 대중적인 거래 방법이 된지 오래다. 우리나라의 카드 결제 단계를 생략한 방식이라 할 수 있는데, 현재 외국인은 중국 내에 은행 계좌가 있어야만 가입이 가능하다.

① 騰등

[한자 騰의 자형, 자원 연변]

秦 전서	漢 예서	現代 해서	現代 간체

騰등은 '오를 등'이다. 물가나 시세 따위가 갑자기 오름을 뜻하는 급

8 **라이엇 게임즈** (www.riot-games.com) : 본래 2006년 미국에서 설립되었으나 텐센트가 2011년에 지분 50%를, 2015년에 100%를 인수해서 현재는 텐센트의 자회사이다. 하지만 텐센트측에서 경영간섭은 하지 않고 여전히 라이엇 본사 법인은 캘리포니아 주에 있는데다 게임 자체의 개발, 업데이트 부분은 모두 미국 라이엇 본사가 100% 전적으로 담당하고 있다. 아일랜드, 대한민국, 브라질, 터키, 호주에 지사를 두고 있다.

9 **Soft Bank 그룹** : 재일 한국인 3세인 손정의가 CEO인 이 그룹은 일본 최대의 IT 기업이자 세계적인 투자회사이다. 손정의는 Alibaba가 창업한 다음 해인 2000년에, 그러니까 알리바바가 성공은커녕 그 이름조차 생소할 때에 2천만 달러(약 205억원)를 투자했다. 2016년 현재 그 가치는 578억 달러(약 59조원)로 불어났다. 수익률 3천배의 투자이다. 이 투자로 당시 일본 야후를 인수한 후 주식 시가가 94%나 폭락하여 파산이나 다름없었던 손정의는 재기에 성공하였으며, 알리바바 역시 현재의 기업으로 성공할 수 있었다고 해도 과언이 아니다.

등急騰, 물가나 시세 따위가 갑자기 오름을 의미하는 폭등暴騰, 물가·주가 등이 갑자기 대폭적으로 오름의 의미하는 비등沸騰, 물가의 오름과 내림을 의미하는 등락騰落 등의 단어로 사용된다. 騰등은 부수가 달리는 말[馬]이니 '뛰어 오르는' 의미가 여기에 있다. 즉, 騰등은 '질주하다, 힘차게 달리다, 도약하다, 뛰다' 등의 의미를 반영하고 있다.

전국시기에 처음 보이는데, 이미 馬마가 글자의 아래에 들어있으며, 나머지 부분은 朕(나 짐)이다. 짐朕은 본래 신분의 귀천을 가리지 않고 자신을 일컫는 호칭이기도 하고, 천자天子의 자칭이기도 하다. 그렇다면 이 '오를 등(騰)'에서 '나 짐[朕]'은 어떤 역할을 하고 있는가?

'나 짐[朕]'의 갑골문 자형은  이다. 왼쪽의 '배 주[舟]'이고, 오른쪽은 배를 모는 막대기, 즉 노가 양 손에 쥐어진 모습이다. 즉, 이 또한 '배를 끌고 가다'라는 의미가 있는 글자이다. 결과적으로 '오를 등[騰]'은 육지에서 달리는 말과 물에서 나아가는 배가 결합된 글자이다. 다만, 현재의 騰등자는 馬마의 위치가 朕짐의 오른쪽 아래로 들어가 섞여져 있기에 말의 역할과 의미를 찾아내기가 어려울 따름이다. 그래서 회의자로 볼 수 도 있다. 그러나 朕짐은 상고시기 추정음이 dʰi̯əm(高本漢 추정음), dĭəm(王力 추정음)으로서, 騰등의 상고음인 dʰəŋ(高本漢 추정음), dəŋ(王力 추정음)과 유사하다. 최소한 어두자음인 성모聲母는 같다. 그래서 朕짐은 의미이자 발음까지 담당하고 있으니, '오를 등[騰]'은 회의겸형성자이다.

② 訊신

訊신은 '물을 신'이다. 그래서 '캐어묻다, 따져서 묻다'나 '법원 등에서 피고인 등에게 구두로 물어 조사하는 일'을 신문訊問이라고 한다.

그러나 기업체 騰訊텅쉰의 訊신은 위의 '묻다'라는 뜻 보다는 '알리다'라는 의미가 반영되어 조합된 고유명사이다.[10]

訊신은 또한 그 발음이 같아서 '빠르다'라는 신속迅速의 의미도 있다. 그래서 회사명 騰訊[téngxùn]은 1차적으로는 「Tencent」의 음역이기도 하지만, 동시에 '[등(騰)]질주하듯 [늑신(迅)]빠르게 [신(訊)]소식을 전한다'라는 의미까지 담보하고 있다.

한편, 騰訊[téngxùn]이라는 이름은 설립자 马化腾[Mǎ Huàténg]의 '腾'[téng]과 '메시지/커뮤니케이션'을 뜻하는 '訊'[xùn]을 합쳐서 만들었다는 설도 있다. '질주하듯 빠르다'라는 의미를 살리면서, 설립자 자신의 이름을 반영한 이름이라 할 수 있다.

영문 이름 Tencent는 당시 문자 메시지 가격이 10cent[11]라는 데에서 착안하여 지었다고 한다. 결과적으로 騰訊[téngxùn]은 3중의 의미를 갖고 있는, 의도적으로 잘! 만든 이름이다.

[한자 訊의 자형, 자원 연변]

商 갑골문　周 금문　秦 전서　漢 예서　現代 해서　現代 간체

갑골문 은 口구와 양손을 등 뒤로 묶은 포로인 모양이 결합된 글자이다. 口구는 자백을 강요당하는 포로의 입이다. 그래서 은 포로를 '신문訊問하다'라는 의미를 담고 있다. 현대 중국어에도 심신(审[12]讯 shěnxùn, 취조(하다), 심문(하다) = 신문(하다) 讯问 xùnwèn), 형신(刑讯 xíngxùn 고문(하다))의 의미가 있다.

10 **통신(通訊)과 통신(通信)** : 통신(通訊)은 일반적으로 통신 기기를 사용해서 소식을 전달하는 것을 말하며, '通信'은 서신을 통해 주고받는 것을 의미한다.

11 **센트(cent)** : ¢로 표시된다. 센트는 기본 통화의 1/100의 가치에 해당되는 통화 단위이다. 그래서 Century는 100(년)을 의미한다. 미국과 캐나다 등지에선 ¢라는 기호를 이용하여 표기하지만, 유로를 쓰는 국가나 오스트레일리아, 뉴질랜드 등지에서는 소문자 c를 이용하여 표기한다.

1 cent (미국)

12 **审** : 번체자는 審이다.

금문 은 손을 묶은 밧줄이 선명하게 그려져 있으며, 또한 글자의 아랫부분에 止지자가 더해져 있는데, 포로의 발[止≒足]이다.

전국문자 이후 자형은 口구가 言언으로 바뀌었으며, 포로의 몸도 卂(빨리 날 신)으로 변해 현재 자형인 訊신의 모양이 되었다.

『설문 · 言(말씀 언)부』에 "訊신은 '묻다'라는 의미이다. 言언의 의미와 卂신의 소리가 결합된 글자이다.(訊, 問也. 从言卂聲.)"라고 하여 형성자로 분석하였다. 그러나 갑골문 등 고대자형을 근거로 분석하면 卂신은 성부이자 형부이다. 결과적으로 訊신은 회의겸형성자이다.

이 '묻다'라는 본의 이외에 소식消息, 통신通訊, 편지(信, letter)의 의미로 이미 선진先秦시기부터 사용이 되었는데, 이는 포로에게 어떤 '정보'를 물었었기에 그 의미가 확장된 전주의 역할이라 하겠다. 나아가 그 정보나 소식을 빠르게 전달해야 하기에 迅速신속의 의미가 더해졌다고 본다면 이 역시 전주의 역할이다. 글자의 의미와는 상관없는 오직 발음만을 빌린 가차로 보기는 어렵다.

2) Alibaba Group(阿里巴巴 集团)

Alibaba는 "열려라 참깨!(Open Sesame!)"로 유명한 『알리바바와 40인의 도적』에 나오는 착한 동생 알리바바의 이름에서 유래한다. 马云[mǎyún](馬雲, Jack Ma)의 Alibaba는 "열려라 참깨!"처럼 향후 인터넷 시대가 올 것을 예감하고 그것으로부터 알리바바의 '대박'을 기원하고 붙인 이름이다.

마윈은 1964년에 절강성浙江省 항저우杭州시에서 태어났다. 그는 중국의 관광지인 항저우에 찾아오는 외국인들에게 관광가이드를 자처하며 영어를 익혔다고 한다. 항저우 사범대학을 졸업한 이후엔 대학에서 영어강사 생활을 했다.

이런 마윈이 '중국 인터넷의 아버지', '포스트 빌 게이츠'가 되는 과정엔 거짓말 같은 스토리가 있었다.

당시 월급 100元([yuán]위앤)의 그는 강사에 만족하지 않고 번역회사인 海博([hǎibó]하이보)를 차린다. 1992년이었다. 그러나 당시엔 난생 처음 들어보는 번역회사라는 사업이 성공하기에는 어려움이 많았다.[13]

그러던 1995년, 항저우 시정부는 고속도로 건설 사업으로 미국의 투자 회사로부터 투자금을 받기로 하였으나 자금이 들어오지 않자, 항저우에서 영어를 제일 잘하기로 소문난 마윈을 LA에 파견하게 된다.

난생 처음 미국에 도착한 마윈은 투자 회사 관계자를 만났으나, 그들은 투자금 이야기가 나오지 않도록 마윈에게 온갖 향응을 제공하며 그를 정신없게 만들었다. 한편, 항저우 시정부도 미국의 투자회사가 국제적인 사기 조직임을 알게 되었으나, 이미 사기단은 마윈을 또 다른 사기극에 끌어들이려 했다. 삼엄한 미국 갱단의 협박에 마윈은 그들의 제안을 받아들인 척 하여 사지에서 벗어나긴 했으나, 그들의 농락으로 공항에 버려진 그는 수중에 단돈 25센트만이 남아 있었다. 공항을 방황하던 그의 눈에 뜨인 슬롯머신에 1센트씩 스물 네 번의 버튼을 누르다 마지막 남은 1센트에 잭팟! 600달러를 얻게 된다.

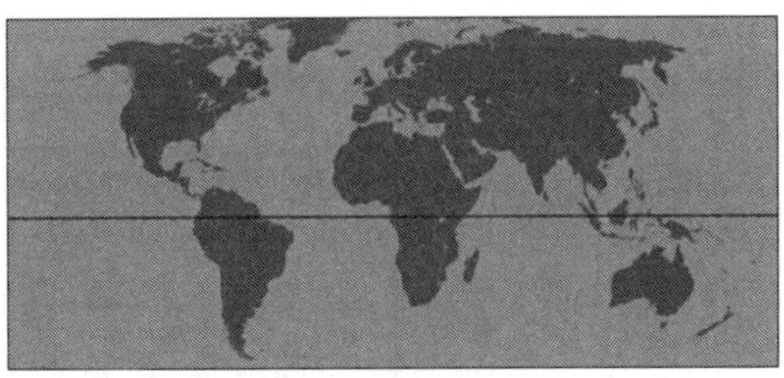

적도(equator)

그러나 이 600달러로 귀국행 비행기 티켓을 사지 않았다. 시정부에서 위임받은 일을 제대로 처리하지도 못하고 농락만 당한 그의 한심

13 사무실의 한 달 임대료가 2400元이었는데, 첫달 매출은 고작 700元이었다고 한다.

한 꼴로 귀국하는 대신, 그가 재직하던 원어민 강사가 자랑하던 시애틀에서 인터넷 서비스 제공 사업을 한다는 그 강사의 사위 Sam이 떠올랐다. 인터넷이 무슨 물건인지 전혀 모르던 그는, 이왕 미국까지 왔으니 그 인터넷이라는 물건을 보아야겠다는 생각이 들었다.

시애틀에서 마윈은 드디어 폭탄일줄 알고 폭발할까봐 두려운 컴퓨터 앞에 앉아 Sam이 시키는 대로 인터넷 창에 마윈이 좋아하던 단어인 'beer'를 타이핑한다. 이 검색창은 그가 훗날 인수해버린 Yahoo의 검색창이었다. 지금처럼 사진이나 동영상 같은 정보는 없지만 수많은 정보가 검색되는 것에 감탄을 하지만, 정작 'China'라는 검색어에는 'No Data'라는 결과에는 충격이었다.

충격은 잠시! 마윈은 Sam에게 그의 번역회사 하이보(海博, [hǎibó])의 홈페이지 제작과 홍보를 부탁한다. 얼마 후 그의 이메일엔 '내가 인터넷에서 처음 발견한 중국 회사의 홈페이지입니다. 당신 회사와 거래하고 싶습니다'라는 메일이 도착하게 되고, 이때까지 인터넷의 존재에 반신반의했던 마윈은 주체할 수 없는 감동과 흥분 속에 그의 마음속엔 이미 결심이 섰다. '중국에서 인터넷 회사를 창업하자!'

항저우에 돌아온 그에겐 잭팟으로 번 600달러로 구입한 386 노트북이 있었다. 그는 24명의 친구를 집에 초대해 인터넷을 설명하고 사업을 제안했으나, 반대 23명, 찬성 1명의 참담한 결과였다. 유명한 '24인 회의'이다. 친구들에게 인터넷 사업이란 '도저히 말이 되지 않는' 매우 비상식적이고 비현실적인 이야기였을 뿐이었다.

그러나 마윈은 그의 아내와 함께 창업을 준비한다. 그의 전 재산 6000원과 여동생 부부에게 빌린 4만원, 하이보 번역회사의 사무 기구를 처분한 3만원과 살림살이를 처분한 돈 4000원을 합친 8만원과, 친구 둘이 투자한 2만원을 더한 10만원이 그의 창업자금이었다.

항저우의 평범한 주택가의 어느 작은 방에 달랑 노트북 한 대가 전부인 그의 사무실! 저쟝 하이보(浙江 海博) 네트워크의 탄생이다. 1995년 4월이었다. 이후 곧바로 중국 최초의 상업 사이트인 China page가 정식으로 문을 연다.

지금까지 마윈만큼 중소기업 고객의 상황을 잘 이해하고 그 요구를 충족시키려 노력한 사람은 없었다고 한다.

전자 상거래를 이용하는 사람에게 가장 중요한 조건은 바로 신용이기에, 마윈은 거래 평가를 통해 신용을 쌓는 시스템인 청신통(誠信通 [chéngxìntōng]) 을 만든다. 신용이 만들어지면 연이어 필요한 거래 공간으로 B2B 거래 플랫폼[14]인 Alibaba 와 C2C 거래 플랫폼[15]인 Taobao 가 만들어지고, 안전한 거래를 위한 결제 시스템인 Alipay(支付宝 [Zhīfùbǎo]) 가 연이어 탄생한다. 곧이어 고객들이 기업 및 상품 정보를 편리하고 신속하게 찾아볼 수 있도록 Yahoo China 를 인수한다.

이러한 일련의 시스템을 종합한 Alibaba Group은 중소기업 운영에 필요한 거의 모든 분야를 망라하고 있다. 다시 말해, 일단 알리바바 B2B회원으로 가입하면 Taobao에 소매 점포를 개설하고, Yahoo에서 가격 등 시장 정보를 검색하여 Alipay로 상품을 구매하고, Ali Software의 기업관리 프로그램으로 업무 내용을 정리할 수 있다.

바로 Alibaba Group이다. 1999년에 창립되었으며, 2014년 뉴욕증권거래소에 기업공개를 단행하여 상장되었다. 당시 알리바바의 2014년 매출은 이미 ebay 와 Amazon 매출을 합친 것보다 컸었다.

14 B2B(Business to Business) : 기업과 기업 간 전자 비즈니스 모델을 의미한다. '기업간 거래' 또는 '기업간 전자상거래'라고도 한다. B2B의 '2'는 영어에서 'to'와 발음이 같은 숫자를 차용한 것이다.

15 C2C(Consumer to consumer) : 소비자와 소비자 간 전자 상거래이다. 인터넷 경매 또는 벼룩시장과 같이 어떤 중개기관을 거치지 않고 소비자들이 인터넷을 통해 직거래를 하는 방식이다. 미국의 이베이와 한국의 옥션이 대표적인 사례라고 할 수 있다.

알리바바 로고와 마윈

알리바바 주식은 93.87달러(108,842원)로 첫 거래일을 마감했다. 종가로 계산하면 알리바바의 시가는 2314억 4000만 달러(268조 546억 8,000만원)이다. 경쟁업체인 아마존의 시총인 1530억 달러는 물론 세계 최대 소셜네트워킹 서비스(SNS)인 페이스북의 2020억 달러도 제친 금액이다. 이렇듯 알리바바는 뉴욕증시 상장과 함께 이른바 대박!을 치게 된다. 그의 "Open Sesame!"가 성공한 순간이다.

알리바바 그룹의 홈페이지엔 다음과 같은 글귀와 그림이 있다.[16]

16 https://www.alibabagroup.com (2019년 8월 13일 현재)

让天下没有难做的生意, To Make it easy to do business anywhere, 하늘 아래 어디든 어려운 장사가 없게 하라!

그의 경영철학이 보이는 문구이다. 그러나 마윈에 대한 평가는 서방은 물론 중국 내부에서도 다르다. 실제로 중국인들은 알리바바는 언론 플레이가 뛰어난 기업이고, 마윈은 최고의 선동가라고 말하기도 한다. 아예 '마윈은 입만 번지르르한 미친놈' 혹은 '입만 살아 있는 전형적인 사기꾼'이라고도 한다. 이러한 '최고의 사기꾼, 미친놈, 광인, 선동가' 등의 별칭에 대해 마윈 본인은 '알리바바는 줄곧 욕을 먹으면서 성장해 왔지요'라고 답한다. 이 글을 쓰고 있는 2019년 8월 현재에도 마윈은 종종 중국은 물론 세계 언론에서 좋지 않은 내용으로 거론되기도 하는데, 그 내용에 대해선 독자의 판단에 맡긴다.

① 阿里巴巴

阿里巴巴는 Ali Baba의 음역어이다. 앞에서도 잠깐 언급하였지만, 알리바바는 '천방야담'(天方夜譚, 天方은 아라비아) 또는 'Arabian Nights'(천일야화 千一夜話)라고도 하는 아라비아 이야기 가운데 『알리바바와 40인의 도둑』의 주인공이다.

阿(호칭 아)는 사전에 의하면 '①항렬이나 아명, 혹은 성 앞에 쓰여 친밀한 뜻을 나타냄 ②친족 관계의 칭호 앞에 쓰임 ③음역어에 주로 쓰임'으로 기술되어 있다. 노신의 신해혁명을 배경으로 당시 몽매한 중국 민중과 혁명의 허구성을 신랄하게 비판한 작품인 소설 『阿Q正傳』 아큐정전(1921~1922)의 '阿Q'가 ①의 예이며, '이모'나 '아주머니'를 뜻하는 '阿姨'([āyí])가 ②의 예이다. '阿尔巴尼亚'([Ā'ěrbāníyà] 알바니아)나 '阿富汗'([Āfùhàn] 아프가니스탄)은 ③의 예이다.

巴巴[bā·bā]는 '①형용사 뒤에 붙어 정도가 심한 것을 나타냄 ②특별히 ③갈망하는 모양 ④둥글고 평평한 것을 형용'의 의미를 갖고 있으나, 모두 Ali Baba의 음역어로 사용되었을 뿐이다.

육서로 보자면 모두 의미와는 상관없이 그저 발음만을 차용한 가차假借의 예라 할 수 있다. 앞에서도 말했지만 이렇듯 가차는 외래어의 중국어 표기에 대단히 유용하다.

② BAT

BAT는 중국에서 부상한 3대 정보통신기술(ICT) 기업을 일컫는 말이다. Baidu[百度], Alibaba[阿里巴巴], Tencent[腾讯]의 머리글자를 지칭하는 용어이다. 미국의 스마트폰과 SNS시대를 대표하는 4대 IT업체를 지칭하는 TGIF(Twitter, Google, IPhone, Facebook) 혹은 GAFA(Google, Apple, Facebok, Amazon에 대한 중국 버전의 조어라 할 수 있다.

Baidu[百度]는 세계에서 가장 큰 중국어 검색엔진을 운영하는 포털사이트이다. 달리 말하면 중국어권에서 최대이다. 2000년 1월 베이징에서 설립되었으며, 창업자는 李彦宏[Lǐ Yànhóng, 리옌훙] 현 대표 겸 CEO이며, 2005년 8월 미국 나스닥에 상장했다.

百度[bǎidù]라는 이름은 '수백 번'이라는 의미이다. 창업자 리옌훙이 중국 송대宋代 시인인 신기질辛棄疾의 사詞 <청옥안 · 원석(青玉案 · 元夕)>의 "사람들 속에서 수천수백 번을 찾다 문득 뒤돌아보니 희미한 불빛 아래 그가 있었네"(衆里尋他千百度, 驀然回首, 那人却在, 燈火欄珊處)라는 구절에서 영감을 받았다고 한다. 로고의 '곰 발바닥'은 사냥꾼이 곰 발자국을 쫓듯이 '흔적을 찾아 구한다'는 의미이다. 신기질이 찾았던 불빛 아래 애타게 찾았던 그가 곰으로 바뀌었다.

Baidu는 중국의 구글이자 글로벌 규모이다. 그러나 이는 사실 7억 명이라는 중국의 인터넷 사용자만 있으면 저절로 글로벌 규모가 되는 현실을 인지하면 그리 놀라운 일도 아니다. 중국에서 성공하면 곧바로 나스닥에 상장하고 주식 총액의 규모로 글로벌 순위 안에 들 수 있다는 의미이다. 바이두는 인터넷 검색, 알리바바는 전자상거래, 텐센트는 소셜네트워크와 게임 시장에서 각각 중국 내 1위이다.

그런데 인터넷 기업을 포함한 중국의 기업은 해외에 진출하지 않고서 자체적 규모로 글로벌 규모가 된다. BAT도 마찬가지이다. 중국어를 기반으로 하기에 기본적으로 내수 위주의 기업이다. 그럼에도 불구하고 미국의 글로벌 업체들과 시가 총액 기준에서 뒤지지 않는다. 물론 영어를 사용한다는 점에서 미국의 TGIF나 GAFA도 마찬가지이다. 만약 우리나라 인구가 10억이라면 Naver는 이미 세계 10위 안에 들었을 것이다.

물론 이러한 기업들은 시간에 따라 변하기 마련이다. 2000년대 초 중국의 3대 인터넷기업은 Sohu[搜狐, 소후], Sina.com,[新浪, 시나닷컴], NetEase[163.com, 网易, 넷이즈]였다. 2014년 9월 20일 알리바바가 뉴욕 증시에 상장된 후 시가총액에서 페이스북을 따돌려 파란을 일으켰다. 하지만 2016년 상반기 기준으로 BAT는 미국의 구글, 페이스북, 아마존에 미치지 못한다. 2017년 1월 발표된 2016년 시가총액 규모에서는 텐센트가 알리바바를 따돌렸다.

3) HUAWEI 華爲(华为)

공식 명칭은 华为技术有限公司([huáwéi jìshù yǒuxiàn gōngsī] 화위기술유한공사), Huawei Technologies Co. Ltd.이다. 중국 최대의 네트워크 · 통신 장비 공급업체로서, 1987년 설립되었다. 주력 제품은 통신장비, 휴대폰, 노트북, 태블릿PC 등이다. 본사는 중국 광둥성 선전에 위치하고 있으며, 전 세계 170여 개국에 진출해 있다. 창업자인 任正非[Rèn Zhèngfēi]가 회장직을, 그의 딸 孟晚舟[Mèng Wǎnzhōu]가 부회장 겸 최고재무책임자(CFO)를 맡고 있다.

HUAWEI, 华为의 의미는 '중화를 위하여'이다. 창업자 런정페이任正非가 인민해방군 장교 출신인데다 창업 초기에 인민군 납품 물량을 기반으로 성장했다. 그의 국가관이 반영된 기업명이다. 이 때문에 미국 정부는 중국 정부가 HUAWEI의 실질적 주인이 아니냐는 의혹을 가지고 있다.

그래서 미국 정부는 안전보장상 위험성을 이유로 HUAWEI의 장비를 쓰지 않기로 결정했고, 미국의 요청을 받은 동맹국 호주, 뉴질랜드, 일본 등도 정부 조달 시장에서 HUAWEI를 배제하기로 결정했다. 또 미국의 요청을 받은 캐나다 사법 당국이 멍완저우孟晚舟 부회장 겸 최고재무책임자를 이란 제재 위반 및 물품 우회 수출 과정에서 금융사기를 저지른 혐의로 2018년 12월 7일 체포하면서 미국과 캐나다, 중국이 갈등을 빚기도 했다. 이때 세계 증시는 큰 폭으로 하락했다. 12월 12일 중국 매체 해외망海外网에 따르면 캐나다 법원은 보석금 1000만 캐나다 달러(약 84억원) 납부와 전자발찌 착용 등을 조건으로 멍 CFO를 석방했다.

바야흐로 '기술 냉전'이 이미 '지구전'이 된 상황이다. 기술 냉전은

미 · 중이 벌이고 있는 무역전쟁의 본게임이다. 냉전은 화력전이 없다. 한쪽이 몰락할 때까지 벌이는 지구전이다. 기술 냉전은 과거 미소 냉전과 양상이 다르다. 새로운 디지털 철의 장막이라고들 한다. 우리나라는 선택을 해야 할 것이다. 자의적 선택이 아닌, 한 쪽을 선택할 경우 다른 쪽의 경제적 보복을 감내해야 하는 강요적 선택이다.

① 爲위

한자 華의 자형에 대해선 앞의 中華人民共和國중화인민공화국에서 살펴보았다. 여기선 爲를 분석하겠다.

[한자 爲의 자형, 자원 연변]

商 갑골문	周 금문	秦 전서	漢 예서	現代 해서	現代 간체

갑골문은 왼쪽의 사람의 손으로 오른쪽의 코끼리의 기다란 코를 붙잡고 있는 모습이다. 코끼리 象상자의 갑골문과 금문 자형은 의 상형자이다. 爲위는 코끼리를 길들여 무언가를 하는 모습이다. 주로 나무나 돌 같이 무거운 물건의 운송에 사용되었을 것이다. 그래서 본의는 '무언가를 하다'이며, '作'작과 같다. 손과 코끼리가 합쳐 새로운 의미를 만들어냈으니 회의자이다.

금문은 사람의 손이 위쪽으로 이동했을 뿐 자형은 동일하다. 물론 사람의 손이 왼쪽에 위치한 자형도 있다. 전서는 그 모양이 적지 않게 변하긴 하였으나, 자세히 보면 금문과 유사하게 윗부분의 손이

코끼리를 잡고 있는 모양이다.

예서는 윗부분의 손과 코끼리의 모양이 현재의 해서처럼 변해서 원래의 모양을 찾아보기 어렵게 되었다. 해서의 자형으로는 為위 이외에 爲위도 있다.

제2장 한자의 수와 색

제1절 _ 한자와 수

제2절 _ 한자와 색

제1절 한자와 數수

1. 한자 수數 분석

인도에서 만들어져 상업에 뛰어났던 아라비아 사람들이 서구로 전파시켜 우리는 지금까지 부르고 있는 아라비아 숫자는 기원전 3000년 경 만들어진 십진법이다. 다시 320년~550년경에 숫자 0이 더해져 지금의 숫자가 된다.

중국은 한자의 시초가 기원전 13세기의 갑골문이니 인도의 기원전 3천년 보다는 늦다. 상나라 사람들은 일一부터 십十까지의 숫자 이외에도 百백, 千천, 萬만의 숫자도 사용하였었다.

그렇다면 한자 數수라는 글자는 어떻게 만들어졌을까?

數수는 크게 보면 婁(별 이름 루)와 攵(칠 복), 두 개의 부건部件으로 이루어져 있다. 婁루를 다시 부건으로 쪼개면 毋와 女녀로 나눌 수 있지만, 그것은 婁루의 문제이지 數수의 문제는 아니다.

數수를 분석한다. 婁(별 이름 루)와 攵(칠 복)의 결합이다. 우선, 婁루는 윗부분의 모양이 변하였지만 허신은 '毋모, 中중, 女녀' 세 글자의 결합으로 분석하면서 '空'공의 의미로 풀이하였다.[1] 즉, 속이 빈 것을 婁루라 하였다. 영어 hollow(속이 빈, 공동空洞의)와 같다. 그래서 가득 차고 비우는 것이 반복되는 것을 의미하며, 이것이 수의 의미를 갖게 된다.

사실 婁루가 수의 의미라는 것이 쉽게 납득이 되지 않지만, 婁루에 尸(주검 시)를 더한 屢(창문窓門 루)[2]도 창문의 뜻 이외에 '매번'[每]매'의 뜻도

1 **원문** :『說文』婁, 空也. 从毋中女, 空之意也.

2 '屢'루라는 글자는『說文』에 없으나, 古字에서는 '婁空'루공의 뜻으로 사용이 된다.

있다. 『詩經』시경「桓」환 '綏萬邦,수만방 婁豐年루풍년'(만방이 화목하여 해마다 풍년일세)의 '婁루는 '자주'[數](셀 수, 자주 삭)와 '매번'[每]매'의 뜻으로 사용된 예이다.

그래도 확신이 서지 않는다. 고대자형을 참조해야 한다.

(금문, 서주중기)의 모양은 창문을 양손으로 여는 윗 모습과 아래의 여자가 합쳐진 글자이다. 『설문해자』에 주를 단 단옥재도 "윗부분은 창문이라 생각한다."(此上體當是从囧[3])라고 하였다. 『설문해자』의 소전은 이기에 '母모, 中중, 女녀'의 결합으로 분석하였을 것이다. 허신이 참조한 고문은 으로서 창문과 여인으로서 비슷하다. 아마 사람들은 창문이 열리고 닫히는 것이 허와 실과 같으며, 이것은 자주[數](셀 수, 자주 삭) 반복되기에 결국 수[Number]의 의미를 부여한 것으로 추측할 수밖에 없다.

3 囧 : 빛날 경, 冏과 동자이며, 窓의 뜻이 있다.

攵(=攴)(칠 복)은 막대기를 손에 쥔 모습이다. 『설문해자』 소전체인 을 보면 攴복과 같아서 이해가 쉽다. 허신은 又우와 卜복의 결합으로 보았고. 그래서 '치다'라는 의미를 갖는다고 분석하였다. 은 갑골문으로서, 攴복은 초기의 글자이다.

이제 婁루와 攴복을 결합한다.

婁루에 이미 숫자의 개념이 들어있으며 攴은 손의 동작이니, 결과적으로 수를 세는 동작을 의미한다고 풀이할 수 있다. 그렇다면 회의자이다.

그런데 허신은 數수를 '从攴,종복 婁聲'루성(攴의 의미와 婁의 소리의 결합)이라고 하였다. 형성자라 분석한 것이다. 그러나 필자는 婁루에 숫자의 개념이 있다는 것을 고려하여 數수를 회의겸형성자로 분석한다. 허신이 틀렸을 수도 있고 필자가 틀렸을 수도 있다. 다만, 둘 다 맞을 수는 없다.

[한자 數의 자형, 자원 연변]

秦 전서 漢 예서 現代 해서 現代 간체

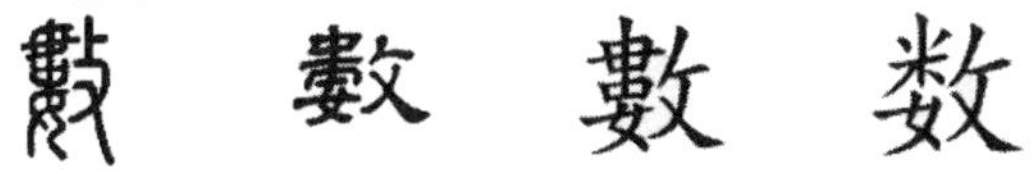

2. 현대 중국인의 숫자

중국인들은 기본적으로 짝수를 좋아하고 홀수를 기피한다고 하지만, 꼭 그렇지는 않다.

만세삼창은 3으로서 홀수이다. 이는 양수 1과 음수2의 결합인 3이 완전한 숫자이기 때문이다. 이 완전한 3이 세 번 더해지면 9는 더 이상 큰 숫자는 존재할 수 없는 최고의 숫자이다. 그래서 황제에게는 '만세구창'萬歲九唱으로 그 은덕을 칭송하며, 아홉 마리의 말이 끄는 수레는 오직 황제만의 상징이자 권력의 표상이었다. 황제가 사는 집도 9중 궁궐이며, 자금성紫禁城=故宮은 9999개의 방이 있다고 하지 않는가!

명을 무너뜨린 청이 조선은 '신하의 나라'라며 조선을 침략한 병자호란丙子胡亂, 조선의 인조는 남한산성으로 들어가 45일간 대항(?)했지만 결국 삼궤구고(三跪九叩 – 황제 앞에서 무릎을 꿇고 세 번 머리를 조아리는 것을 세 번하는 신하의 예)를 해야 했던 '영원한' 치욕의 역사 – 삼전도三田渡의[4] 치욕에도 숫자 9는 남아있다.

4 **삼전도**(三田渡) : 경기도 광주(廣州)군에 있던 나루이다.

어쨌든 중국인들은 선물이나 손님을 접대하는 음식의 가짓수는 짝수여야 한다.

또한 중국인들은 해음諧音[5]에 의해 숫자를 세는 발음과 그 발음이 유사한 다른 글자의 의미를 연상시켜서 특별한 의미를 부여한다. 우리도 병원이나 아파트 엘리베이터에 4층의 숫자 4대신 알파벳 F(Four)라고 버튼이 표시된 것은 다 이와 같은 해음현상 때문이다. 숫자와 관련된 해음을 더 본다.

먼저 좋아하는 숫자이다.

9 九 [jiǔ]

자형	商 갑골문 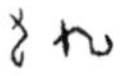 | 周 금문  | 秦 『설문』소전 
자원	• 상형 • 역시 어원에 대한 정설은 없으나, 굴곡된 모습, 굽은 (낚시)바늘의 모양으로 추정한다. • 혹은 동굴로부터 손을 뻗어 무언가를 탐색, 탐구하는 모양으로 추정하여, 穴(구멍 혈, 미지의 공간)과 究(궁구할 구)의 원래 글자라고도 함 • 갑골문 시기에도 숫자로 사용되었다.

앞에서도 말했지만 9는 황제의 숫자이다. 동시에 '영구한, 영원한, 오래 사는'의 의미를 갖는 영구永久[yǒng jiǔ]의 구久와도 발음이 같다.

그래서 황제의 정복인 곤룡포袞龍袍=구룡포九龍袍)는 용 9마리가 그려져 있으며, 그가 타는 마차도 9마리의 말이 끈다.

다음의 구룡포는 정면과 후면의 어깨와 등에 걸친 두 마리의 용과 가슴과 배 부분의 세 마리의 용이 그려져 있다.

일단 정면에서 보면 다섯 마리의 용이다. 즉, 구오지존九五至尊의 의미이다. 九五는 건괘乾卦의 다섯 번째 효爻의 이름이 구오九五로 천자天子

5 **諧音** : 諧는 '조화롭다, 어울린다'의 의미이다. 즉, 발음이 유사하거나 같은 두 개의 다른 글자끼리 연상시켜서 길흉을 반영하는 현상이다. 이는 중국어는 성조를 제외하면 그 음절의 개수가 약 400여 개 밖에 되지 않는, 즉 동음이의어의 현상이 많기 때문이다. 400여 개의 음절이 상용되는 약 5천자의 글자를 담당하기에 생긴 현상이다.

清 康熙 黃帝의 九龍袍

즉, 황제의 지위를 일컫는 말이다. 그런데 용과 가슴 부위는 구룡포의 뒤에도 그려져 있으니 모두 여덟 마리이다. 나머지 한 마리의 용은 어디에 있을까? 진정한 용은 황제 자신이기에 나머지 한 마리는 옷의 안쪽에 그려져 있다. 그래서 구룡포이다.

九五至尊

한편, 중국 남경에서 생산하는 담배 구오지존은 한 보루에 2400元(약 39만원/163CNY 기준)까지 팔렸다고 한다.(北京晨報 2017.2.15.) 중국은 2012년 담배 가격 제한 조치를 실시하였는데, 그 이유는 담배가 부정부패의 도구 즉, 뇌물용으로 많이 유통되기 때문이었다. 그럼에도 불구하고 여전히 터무니없이 비싼 담배는 유통되고 있으며, 뇌물이라는 용도 이외에도 부의 과시용으로도 사용되기 때문일 것이다.

우리말의 '인생 9만리'라는 말은 '앞길이 창창하다'라는 의미일 것이며, '구사일생'九死一生의 9 또한 '많음'의 의미이다.

이 9 보다 현대의 중국인들이 좋아하는 숫자가 있다.

8 八 [bā]

자형	商 갑골문  ｜周 금문  ｜秦『설문』소전 
자원	• 지사 • 어떤 물체가 갈라진 모습의 두 부분을 나타낸 부호이다. • 八이 '쪼갬'의 의미를 상실하고 가차의 원리에 의해 숫자의 의미로 사용되자, 八에 刀를 더한 分(나눌 분)으로 대체된 것으로 추정한다. • 갑골문 시기에도 숫자로 사용되었다.

'돈을 벌다'라는 发财[fā cái]의 发(發발의 간화자)가 八팔의 [bā]와 발음이 비슷하다. 억지로 비슷하다. 그래서 恭喜发财[gōng xǐ fā cái]는 중국인들이 가장 좋아하는 인사말일 수 있다. '돈 많이 버세요'이다.

五八八八[wǔ bā bā bā]로도 쓰는데, 이때 '五'는 '나'라는 의미의 我[wǒ]와 발음이 비슷하다. 이 정도면 억지가 끝이 없다. 1988년 올림픽을 개최하는 데 실패한 중국은 2008년 8월 8일 8시 8분 8초에 그들의 올림픽을 개최한다. 1988(一九八八 [yī jiǔ bā bā])년 올림픽은 '我求八八 [wǒ qiú bā bā]' 즉, '나는 돈을 (많이) 벌고 싶다'라는 의미였을까?

그래서 8은 제품 마케팅에도 많이 사용된다. 시장이나 백화점의 88원, 888원 등 8로 끝나는 가격표는 물건 값 깎기를 좋아하는 중국인이라도 흥정을 하지 못하게 만드는 효과가 있기 때문이다. 6 이외에도 8은 선호하는 자동차 번호판이다. 자동차 번호판 8888는 대부분 경매로 몇 억 원에 낙찰된다고 하니, 자동차 보다 번호판이 더 비싸다.

다만, 돈을 많이 벌고 싶은 것은 우리도 예외는 아닐 터인데 유독 중국인들만 돈을 소위 '밝히는' 민족으로 취급하는 것은 문제가 있다고 말하고 싶다.

6 六 [liù]

자형	商 갑골문  | 周 금문  | 秦『설문』소전 
자원	• 상형 • 어원에 대한 정설은 없으나, 가옥을 의미하는 宀(집 면) 즉, 庐(집 려)의 원래 글자(=본자 本字)로 분석하기도 한다. • 갑골문의 는 위의 지붕과 아래의 집 벽으로 구성으로 추정하는 경우가 그 예 • 후에 가차假借의 원리에 의해 숫자로 사용되자, 廬(집 려)로 대체된 것으로 추정한다. • 갑골문 시기에도 숫자로 사용되었다.

중국어의 '순조로워 일이 잘 풀린다, 막힘이 없이 미끈하다, 만사가 순조롭다'라는 의미의 流利[liú lì]의 流[liú]와 성조만 제외하면 발음이 같다. 자동차 번호, 전화번호, 결혼일로도 극히 선호한다.

헤어질 때 하는 인사이기도 하면서 '하는 일이 모두 순조롭다(순조롭길 빕니다)'라는 의미의 一路顺风[yí lù shùn fēng](여행하는 모든 길이 순풍에 돛 달듯 순조로움)이 이를 증명한다. 路[lù]가 해음이다.

그래서 아예 만사가 순조롭다는 의미로 六六大顺[liù liù dà shùn]으로도 쓴다.

또한 '높은 직위'나 '관리의 녹봉'을 뜻하는 祿[lù]도 六[liù]와 발음이 같아 돈을 '많이 번다' '행복'의 의미와도 통한다.

이외에 해음으로 인한 현상은 아니지만, 숫자 2는 '짝을 이루고 서로 화합하고 함께 한다'는 것을 의미한다. 그래서 중국에서 쌍雙이 들어간 단어들은 대부분 좋은 의미를 갖기에 선물도 짝수로 하는 것이 보통이다. 식당에서도 일반적으로 음식을 짝수로 주문한다.

이제 중국인들이 싫어하는 숫자를 보겠다.

4 四 [sì]

자형	商 갑골문 三 | 周 금문 三 | 秦 『설문』고문 | 秦 『설문』소전
자원	• 갑골문과 금문의 三는 누가 보더라도 분명한 상형이다. • 그런데 금문의 는 그 어원이 분명하지 않다. • 갑골문 시기에도 숫자로 사용되었다.

죽음을 뜻하는 死[sǐ]와 성조를 제외하곤 발음이 같다. 14(一四[yīsì])는 要死[yàosǐ] 즉, '죽고 싶다'와 발음이 비슷해서 기피한다. 그러나 要死[yàosǐ]에는 '최고도에 이르다'라는 의미도 있다. 즉, 숫자의 선호와 기피는 연상하기 나름인 경우가 많다. 어쨌든 우리가 4를 싫어하는 이유와 같다.

7 七 [qī]

자형	商 갑골문 十 | 周 금문 十 | 秦 『설문』소전
자원	• 마치 十자와 비슷한데, 고대 자형의 十자는 丨(갑골문) (금문) 十(소전)으로 七과 다르다. • 역시 어원이 분명하지 않으나, '모두' 혹은 '단절'을 의미하는 切의 원래 글자로 보기도 한다. • 갑골문 시기에도 숫자로 사용되었다.

'화내다, 성내다'라는 의미의 生气[shēng qì]의 气(氣의 간화자)와 성조는 다르지만 발음이 같다.

나아가 7과 4가 합쳐진 74[qì sì]는 气死我了[qì sǐ wǒ le]는 '성질나 죽겠다! 화가 치밀어 올라 죽겠다!'의 의미 혹은 妻死[qī sǐ] '아내가 죽다'와 발음이 비슷하여 기피한다. 그래서 7은 장례나 제사를 연상시키기도 한다.

사람이 죽은 후 49일째 되는 날 드리는 제사인 49제는 중국에서는 77제七七祭라고 하는데 7×7=49로서 같은 의미이다. 7이 두 번이나 들어 있다.

반면, 축구에서 팀의 ACE에게 배정되는 등번호인 7! 호날두, 산체스, 베컴, 박지성 그리고 손흥민의 등번호이다. 중국의 축구 국가대표 7번은 기분 나쁠 일이다.

3 三 [sān] : '헤어지다, 흩어진다'는 의미의 散[sǎn]과 발음이 비슷하다. 사람의 이별도 의미하지만, 사실은 재산이 흩어진다는 의미가 더 크다. 그래서 물건 가격을 책정할 때도 3은 피한다.

기타 싫어하는 숫자를 본다.

73, 84 : 이 역시 중국인들이 기피하는 숫자인데, 각각 공자와 맹자가 죽은 나이이다. 그래서 "73세와 84세에는 염라대왕이 부르지 않아도 스스로 간다(73岁84岁, 阎王不叫自己去)"라는 속담이 중국 민간에서 전해져 온다. 그래서 가족들도 이때가 되면 노인들에게 생신 축하를 하지 않는다고 한다.

이는 공자와 맹자 같은 성현도 피할 수 없는 나이였는데 하물며 일반 사람들은 더 넘기가 어려운 나이라는 의미도 있으며, 한편 문화대혁명(1966~1976) 당시 전통 유교문화의 대표인 공맹사상을 붕괴시킨 것에 대한 자기반성 혹은 두려움의 정서 때문이기도 하다.

24 二四 [èr sì] : 兒死 [ér sǐ], '아이가 죽는다'와 비슷하다.

제2절 한자와 色색

색은 언어의 팔레트palette다. 색은 대자연으로부터 비롯되었으나, 문자가 기록한 색은 문자로 기록한 사람들의 색에 대한 관념이 반영될 수밖에 없다.

중국에서의 노란색, 황색은 황제의 색이다. 반면 영국에서 비롯된 축구의 반칙 행위는 Yellow카드, 부정의 색이다.

동양의 황색은 가을날 들판을 누렇게 물들인 벼의 색이다. 풍요와 부귀를 상징한다. 그래서 방위로 중앙에 자리 잡아 만물을 관장하기에 황제의 색임에 틀림없다.

방위로서는 중앙에 자리 잡아 만물을 관장하는 색이며 가을날 누렇게 익은 벼의 색과 같이 풍요와 부귀를 가져오는 색이다. 심지어『세종실록』에 의하면 세종 21년 5월, 함경도 경흥군에 노란비가 5일간 내려 모두들 풍년이 들 징조라 하였다고 한다. 황사나 산성비일 텐데 그 당시 사람들은 풍년을 가져오는 길상의 색으로 본 것이다.

서양의 황색은 부정적이다.

노란색은 아무리 어두운 곳에서도 쉽게 눈에 띄어서 도저히 감출 도리가 없는 색으로 해석한다. 그래서 사회적 비난과 차별을 받아온 창녀, 유대인 등을 표시하는 색으로 사용되었다. 유대인은 12세기부터 노란 모자를 쓰고 옷에는 노란 고리를 달고 다녀야 했다. 20세기 들어 독일의 나치는 유대인에게 노란 다윗의 별을 옷에 달고 다니도록 강요했다. 차별과 고난을 몸으로 표현하고 마음으로 느끼게 했다.

같은 색인데도 보는 시각에 따라 다르게 해석한 것이다. 그래서 색은 문화이다.

한편, 동양의 건축물은 그 색감이 화려하다. 서양의 건축물은 단조롭다. 한국의 단청丹青과 서양의 어느 신전 혹은 성당을 보면 그 차이가 쉽게 보인다.

이러한 차이는 건축 재료에서 비롯된다. 동양 건축의 재료는 대부분 목재였기 때문에 보존성이 떨어진다. 썩는 것을 보완하기 위해 '칠'漆을 할 필요가 있었다. 이러한 색칠色漆은 점차 권위의 상징이 되어 일반 건축물에는 단청을 금하는 조항까지 나오게 된다. 즉 왕조의 건축물과 일반 건축물을 색으로 구별한 것이다.

단청의 화려함 (출처:위키백과)

반면, 고대 그리스 신전의 외장은 아름다운 표면을 그대로 살렸다. 풍부한 대리석으로 만들었기 때문이다. 대리석은 나무처럼 썩지도 않을 뿐만 아니라 또한 매끄럽기에 도색을 할 필요도 없었으며 도색을 하기도 어려웠다. 그 자체가 아름답다. 외관 자체가 마감재이다. 일반적으로 서양 건축물은 내부를 모자이크 처리한다. 성당의 내부가 그렇다. 화려하다. 색채 사용을 내부에 한정한다. 즉, 외부에 사용될 때에는 우리나라의 단청처럼 기존의 재료에 색을 입히는 것이 아니라, 재료 자체가 가지고 있는 재료의 색상을 이용하는 것이다.

파르테논 신전 (출처:위키백과)

1. 한자 色색 분석

1) 한자 色색을 살펴보자.

[한자 色의 자형, 자원 연변]

秦 전서	漢 예서	現代 해서

갑골문에는 보이지 않는다. 色색자를 아직 찾지 못했을 수도 있지만 갑골문 시기에는 존재하지 않는 것으로 보는 게 더 타당하다.

전국문자의 은 무슨 모양인지 아직 정설이 없다. 『설문해자』 전서체의 은 人인과 巴파의 결합이다. 巴파는 卩(=㔾, 무릎 마디, 무릎을 꿇은 모양)의 변형이니 人과 卩(병부 절)의 조합으로 보아야 한다. 人은 기색을 나타내는 주체이며, 卩은 節(마디 절)의 초문初文이다. 즉, 사람의 마음이 마치 마디가 들어맞듯이 그 빛이 얼굴에 나타난다는 의미의 글자로 분석한다. 혹은 사람의 마음과 안색은 卩(=㔾)처럼 일치한다는 데서 '안색', '빛깔'을 뜻한다고도 본다. 필자가 보기엔 다소 억지스럽다. 육서상의 구조는 두 독체자의 결합이니 회의자이다.

사실 이 색色자에 대한 분석이 다양한데, 그것은 정설이 없다는 또 다른 의미이다. 그래서 소전의 자를 무릎 꿇은 두 사람이 엉켜 있는 모양으로 분석하기도 한다. 즉, 후배위의 성행위 자세라는 것인데, 이 자세는 호르몬의 과다 분비와 혈관의 확장이 얼굴에 반영되어 그 색깔이 변한다는 주장이다. 소위 '색을 밝힌다'라는 말의 근원으로 본다. 전혀 근거가 없는 주장이라고 무시하기엔 다소나마 타당한 면이 있다. 이렇게 보면 육서로는 상형으로 보아야 한다.

허신은 "色, 顏氣也. 从人, 从卪. 㲋, 古文.(色은 얼굴의 기운, 즉 낯빛이다. 人과 卪(병부 절)로 이루어져 있다. 㲋은 古文이다.)"라고 하였다. 허신이 낯빛으로 분석한 이래 대부분 얼굴과 연관지어 해석한다.

2. 중국의 색

중국 상고 시대의 '음양오행'陰陽五行으로부터 비롯된 '오색'五色 관념은 동양의 일반적인 색채로까지 번졌다. '오정색'五正色이라고도 하는 청적황백흑靑赤黃白黑의 이 다섯 색은 중국의 전통색이기도 하면서 동시에 현재의 중국뿐만 아니라 대만, 홍콩 그리고 해외 화교가 거주하는 지역까지 이어져 여전히 생활과 밀접한 관련을 맺고 있다.

파랑 : 청[靑], 목[木], 봄[春], 동쪽[東]

빨강 : 적[赤], 화[火], 여름[夏], 남쪽[南]

노랑 : 황[黃], 토[土], 중앙[中]

하양 : 백[白], 금[金], 가을[秋], 서쪽[西]

검정 : 흑[黑], 수[水], 겨울[冬], 북쪽[北]

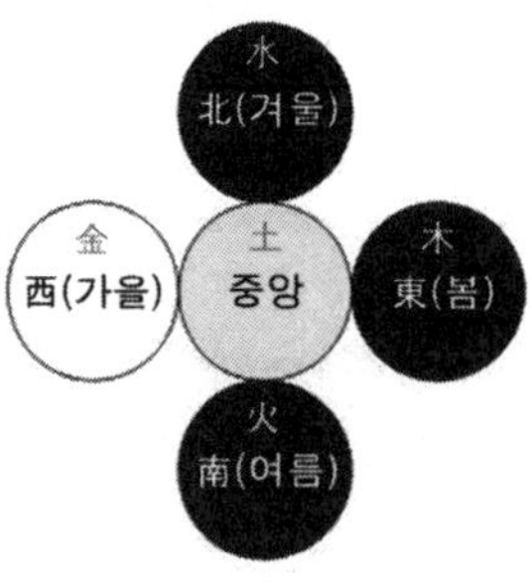

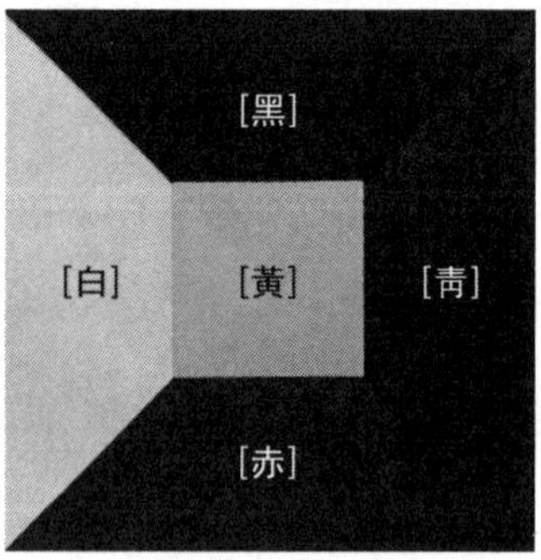

이러한 색에 대한 관념은 바래지 않고 현재까지 생명력을 이어가고 있는 것이다. 중국인 혹은 이 색을 공유하는 사람들의, 색에 스며있는 역사와 정치, 사회, 문화, 예술 분야의 함의를 살펴보겠다.

1) 赤적

[한자 赤의 자형, 자원 연변]

商 갑골문 周 금문 秦 전서 漢 예서 現代 해서

우리가 일반적으로 빨간색이라고 부르는 적색의 적赤은 갑골문에도 존재한다. 갑골문 과 은 사람[大]이 불[灬=火] 위에서 구워지면서 온통 붉어지는 색깔과 광택을 나타낸 것이다. 상대에 전쟁에서 잡은 포로를 제물로 바치는 의식을 연상하면 된다. 혹은 '큰 불[大火]'로 분석하기도 한다.

금문 의 아랫부분이 훗날 火자의 원형이 된다. 전국문자 도 대大와 화火의 결합이나 갑골문·금문에 비해 그 형체가 간략하다. 전서체 역시 大대와 火화의 구조이면서 금문의 두 번째 자형과 유사하다. 이 모양들이 예서隸書에 이르러 과 의 모양으로 변하여 본래의 모양이 많이 변하였다. 예변隸變 때문이며, 해서의 모양으로 굳어진다.

赤적은 大대와 火화 두 글자로 이루어졌다. '큰 불' 혹은 '사람을 태우는 불'이라는 의미로서, 그 구조는 육서상 从大, 从火종대종화의 회의會意이다.

제물로 바치는 사람이건 큰 불이건 타고 나면 아무 것도 남지 않기에 赤은 '발가벗다, 조금의 숨김도 없다, 완전히 드러나다'라는 의미의 '적나라'赤裸裸, '맨 손, '빈 손'의 의미인 '적수'赤手라는 단어가 생겼을 것이다. 정열적으로 붉게 타는 불은 타고 나면 공허한, 그것이 적赤의 의미이다.

赤적자가 들어간 단어들을 살펴보면 다음과 같다.

① 赤帝적제

염제炎帝는 글자 그대로 불의 황제, 즉 불의 신이다. 중국 태고시대 전설로 전해지는 제왕으로서, 복희伏羲와 황제黃帝 사이에 들어가는 2대 황제이다.[6] 그 이름처럼 불을 만드는 기술을 발명한 것으로 여겨졌으며, 그래서 태양신의 이미지와 함께 적제赤帝라고도 불린다.

불의 신[炎帝]이자 농사의 신인 신농씨

그런데 이 염제를 상상으로 그린 초상화에 불이 없다. 불이 없는 대신 손에는 농작물로 보이는 채소를 들고 있으며, 소를 상징하는 뿔이 난 머리와 풀로 덥힌 옷을 입고 있다. 입으로는 무슨 풀인지 뿌리를 씹고 있다. 이는 염제가 농사의 신이자 의술의 신이기 때문이다.

손에 농작물을 들고 있는 이유는 인간들에게 농사의 기술을 가르쳤다는 의미이며, 입으로 풀을 씹고 있는 까닭은 그 풀이 이로운지 해로운지를 직접 먹어보고 그 효과를 알아내 인간들에게 의술을 가르쳤

6 **중국의 세 명의 황제** : 중국 先史시대의 황제로 세 명을 든다. 伏羲, 神農, 黃帝이다. 복희는 하늘과 땅 그리고 인간을 창조하고, 신농은 불과 농사 및 의술을 인간들에게 가르쳤다. The Emperor인 황제(皇帝)가 아닌 華夏民族을 의미하는 黃帝는 위 두 신이 이룩한 기반 위에 인류의 제도를 만들어 백성을 다스린 지도자로 전해진다.

다는 의미이다. 그래서 그의 이름은 농사의 신이라는 의미의 신농씨神農氏[7]이기도 하기 때문이다.

앞 쪽의 신농씨 초상화는 산동성山東省 가상현嘉祥縣 무량사武梁祠의 벽에 그려져 있는 신농씨의 화상석畵像石의 일부이다.

② 赤字적자

'적자', 수입이 지출보다 많아서 생기는 결손액을 이르는 말이다. 그런데 다름 아닌 붉을 적赤자와 글자 자字자를 쓴다. 왜 그럴까?

이는 회계 장부를 기록할 때 결손액은 붉은[赤] 글자[字]로 기입한 데서 유래한다. 아마 경고의 의미였을 것이다. 그러다가 지출보다 수입이 많아지는 즐거운 순간에는 검정색으로 기록한다. '흑자'黑字이다.

미국에서 11월 넷째 주 목요일의 추수감사절Thanksgiving Day 다음 날인 금요일로, 1년 중 가장 큰 폭의 세일시즌이 시작되는 날, 블랙 프라이데이black friday가 그렇다.

이 미국의 거대한 쇼핑 축제를 중국이 추월하였다. 광군절光棍節[guānggùnjié]이다. 중국어로 '光棍'광군은 애인이 없는 솔로라는 뜻으로도 쓰인다. 숫자 1이 중국의 단신單身 즉, solo라는 뜻에서 유래한다. 그래서 이 숫자 1이 1년 중 가장 많이 겹치는 날인 11월 11일이며,[8] '솔로의 날, 독신자의 날'이다.

그 시작은 1993년 중국의 남경대학교에서 솔로들의 축제를 계기로 만들어졌다. 이 날을 알리바바Alibaba의 대표 마윈馬雲(马云)이 '쇼핑으로 외로움을 극복하자'라는 모티프로 이벤트를 시작한다.

7 **神農氏** : 이 이름을 글자 그대로 풀이하면 농사의 신이다. 그런데 단어의 순서가 農神이 아닌 神農인 것은 고대 단어의 수식구조가 후대의 구조와 다르기 때문이다. The god of agriculture와 같다. 氏는 일종의 존칭접미사이다.

8 **11월 11일** : 혹은 雙十一이라고도 한다.

2017 天猫(Tmall)双11(11월 11일)全球(전세계)狂欢节(festival)
GMV(총 매출액) 1682억 위앤 달성

2009년 불과 27명의 판매자가 참여하면서 시작된 이 쇼핑 행사는 2017년 11월 11일, 단 하루 만에 미국의 블랙프라이데이 매출을 뛰어넘었다. 매출액은 1682억 위앤이었다. 2018년 11월 11일 광군제 글로벌 쇼핑 페스티벌 총 상품매출액(GMV)은 2135억 위앤(환율 중국 CNY 165.36 대비 한화 약 35조 3,043억 원)으로서, 2017년 대비 27% 증가한 액수이다.[9]

중국 기업만이 참여하는 쇼핑 페스티발이 아니다. 2018년에는 세계적인 브랜드라 할 수 있는 애플Apple, 다이슨Dyson, 킨들Kindle, 에스티로더Estée Lauder, 로레알L'Oréal, 네슬레Nestlé, 갭Gap, 나이키Nike 및 아디다스Adidas를 비롯해 총 상품매출액이 1억 위앤을 초과하는 브랜드 237개가 참여했다. 중국을 대상으로 판매량이 많은 상위 국가로는 일본, 미국, 한국, 호주 및 독일 순으로 조사됐다. 거래가 성사된 국가와 지역도 230개에 달한다. 알리바바 유통망에 (국제전자상거래 회사인) 라자다Lazada가 참여해 이번 페스티벌에 싱가포르, 말레이시아, 태국, 인도네시아, 필리핀 및 베트남 소비자들을 끌어들였다.[10]

그래서 현재 알리바바는 세계 최대의 온라인 B2B 거래[11] 플랫폼이다.

9 **알리바바의 영업이익** : 2018년 3월 기준 매출액 2502억 위앤, 영업이익 693억 위앤(한화 약 11조 7천억 원)을 기록했다.
이는 전년 대비 각각 58.1%, 44.2% 증가한 수치다. 소매유통업이 매출의 86%를 차지하며, 그중에서도 온라인 마케팅 서비스가 51%에 달한다.

10 **[출처]** 이코노미타임즈 www.economytimes.kr, 매일경제 www.mk.co.kr 등

11 **B2B** : 기업과 기업 사이에 이루어지는 전자상거래를 일컫는 경제용어로서, Business to Business의 약자이다.

빨간색은 '적자'나 '새빨간 거짓말'처럼 부정적으로 쓰이기도 한다. 이는 빨간색이 분명하고도 확연하게 드러나는 색이기 때문일 것이다.

빨간색을 강조한 여러 마케팅

그래서 빨간색은 마케팅에 적극적으로 활용 된다. 이른바 Red 마케팅이다. 기업들이 이 Red를 사용하는 이유는 ①눈에 잘 띄는 시각적 효과를 갖기에 ②강한 주목성을 가져 로고나 광고물에 적극 활용된다. 이른바 광고 효과 1위의 색이다. 동시에 ③심리적으로 음식점에서의 레드는 식욕을 자극하며 시간을 길게 느끼게 하므로 손님의 회전율을 높여주는 효과까지 있다.

선드블롬이 제작한 산타클로스와 코카콜라

그 대표적인 사례가 코카콜라일 것이다. 그런데 산타클로스 할아버지에게 빨간 옷을 입힌 것은 미국의 코카콜라 회사이다. 겨울철 콜라의 판매량을 늘리기 위해 고심하던 회사는 당시 광고를 담당하던 미국의 화가 헤든 선드블롬(Haddon Sundblom 1899~1976)에게 겨울에 맞는 마스코트 개발을 의뢰했고, 그는 겨울 이미지에 잘 어울리는 산타를 떠올려

코카콜라의 로고 색을 상징하는 빨간 옷과 하얀 거품을 연상시키는 풍성한 수염을 단 산타를 탄생시켰다. 그 후 세계 각국 산타의 표준이 되었고, 전 세계인의 머릿속에 산타의 이미지로 각인되었다.

③ 赤色革命적색혁명

한편, 중국에서의 적색赤色은 '혁명'을 상징하는 색이다. 피로써 자유를 쟁취한다는 뜻을 내포하고 있기 때문이다. 나아가 '충성스러운. 진실한'의 뜻도 함께 갖는데, 조선시대 때 임금이 입었던 곤룡포의 색이기도 했다. 또한 대혁명이 일어나기 전에 프랑스에서는 황제의 색으로 인식되었다. 염색 과정이 까다로운 색이어서 순수하고 빛나는 빨강은 오직 교황이나 황제만이 가질 수 있었다.

하지만 6 · 25 전쟁을 겪고 분단된 우리나라에서의 적색은 공산주의를 암시했던 적이 있었다. 적색공포증이라고도 하는 이 'Red Complex'는 공산주의의 위협에 대한 과장되고 왜곡된 공포심과, 그 공포심을 근거로 한 무자비한 인권 탄압을 정당화하거나 용인하는 사회적 심리까지도 포함하는 개념이다. 박정희 정권의 가장 강력한 무기이자 도구였다. 그런데 어느 날 한나라당이 당명을 새누리당으로 바꾸면서 상징색을 이제까지의 파랑에서 빨강으로 바꾸었다. 현재의 자유한국당도 그 색을 이어가고 있다. Red Complex로부터 자유로워졌다기 보다는 Red의 적극적이며 역동적인 이미지를 반영하려 하기 위함이었을 것이다. 하지만 신호등의 '정지'와 축구에서 '퇴장'의 색도 RED이다.

④ 赤道적도

'붉은 길'로 직역되는 이 길은 사실 '태양이 지나는 길'이다. 그래

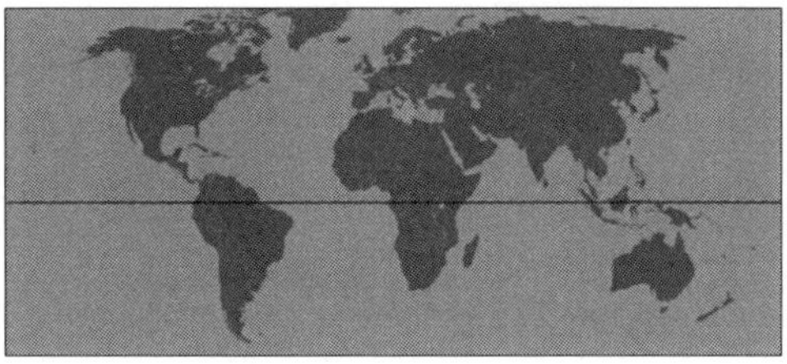

적도(equator)

서 적도에 위치한 나라는 더울 수밖에 없다. 적도赤道라는 단어는 빨강이 불[火], 여름[夏], 남쪽[男]을 의미하는 것으로부터 유래한다.

적도는 사전적으로 지구의 자전축에 대하여 직각으로 지구의 중심을 지나도록 자른 평면과 지표와의 교선이다. 위도緯度의 기준이며, 위도 0°의 선에 해당한다.

중국은 고대 춘추春秋시기 무렵 1년 가운데 태양이 자신이 서 있는 지점으로부터 90°로 지나는 날을 알아냈고, 춘분春分과 추분秋分이라 명명히였다. 이러한 절기가 체계화된 것이 24절기인데 황하黃河유역의 춘추시기에 그들은 중춘仲春, 중하仲夏, 중추仲秋와 중동仲冬[12]의 절기를 계산해 낸 후, 진한秦漢시기에 24절기를 완성한다. 기원전 104년 서한西漢시기 천문학자였던 鄧平[Dèngpíng] 등이 제정한『태초력』太初曆에 역법曆法을 정하고 24절기의 천문 위치를 분명히 하였다.

한편, 적도를 기준으로 북쪽 또는 남쪽으로 떨어져 있는 정도를 '위도'緯度라 한다. 지구본에서 가로로 그어진 여러 선들이다.

한자 緯위에는 씨, 씨줄의 의미 이외에 가로의 의미가 있다. 날줄, 세로와 반대되는 말이다. 즉, 날줄, 세로의 의미를 갖는 한자어는 經경이며, 그래서 經線경선은 위도와 반대되는 용어로서, 지구를 남극과 북극을 지나는 평면으로 잘랐을 때 그 평면과 지구 표면이 만나는 가상적인 선을 이른다.

12 仲(버금 중) : 이때의 '仲(버금 중)'자는 '둘째 = 버금'이라는 뜻 이외에 '중간, 가운데'의 뜻이다. 중춘(仲春)은 음력 2월, 중하(仲夏)는 음력 5월, 중추(仲秋)는 음력 8월, 중동(仲冬)은 음력 11월의 다른 이름이다.

[한자 緯의 자형, 자원 연변]

秦 전서　　漢 예서　　現代 해서　　現代 간체

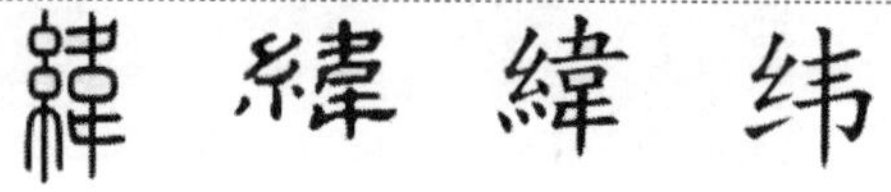

이 글자는 왼쪽의 糸(가는 실 사)와 오른쪽의 韋(다룸가죽 위)로 이루어져 있다. 从糸, 韋聲종사위성의 구조의 형성자이다. 그런데 韋위는 '가죽'이라는 의미로서 '둘러싸다'라는 뜻도 가지고 있으니 緯위는 결과적으로 회의겸형성자이다. 한편, 직물의 날실에 휘감기게 한 씨실의 뜻도 갖게 되었으며, 이로 인해 가로width의 뜻도 함께 갖게 되었다. 이는 전주轉注의 역할이다.

우리말 한자어의 '경위'經緯는 지리의 '경위도'經緯度 이외에 '직물織物의 날과 씨를 아울러 이르는 말'의 뜻과 '일이 진행되어 온 과정'을 이르는 말로 쓰인다.

[한자 經의 자형, 자원 연변]

周 금문　　秦 전서　　漢 예서　　現代 해서　　現代 간체

금문의 자형은 실을 짜는 베틀에 감겨진 세 가닥의 직선을 본 뜬 모습이다. 그러다가 전서에 이르러 실을 의미하는 糸(실 사)가 글자의 왼쪽에 더해져 그 의미를 확실히 하고 있다. 이때의 자형은 从糸, 巠聲종사경성의 형성의 구조이다. 그런데 앞의 緯위의 韋위처럼 經경의 巠(지하수 경) 또한 베틀에 감겨진 실의 모양이니 의미까지 담당하고 있다. 결과적으로 회의겸형성자이다.

우리나라에서는 経경으로도 쓰는데, 본자는 經경이다. 옷감을 짜는 날실로서, 씨실인 緯위의 상대적인 말이다.

⑤ 紅홍

반면, 오정색은 아니지만 紅色홍색은 긍정적인 면, 행복과 기쁨의 의미를 나타낸다. 중국의 국기 이름이 오성홍기五星紅旗이지 않는가?

[한자 紅의 자형, 자원 연변]

秦 전서　　現代 해서　　現代 간체

계속 실[糸]의 이야기이다. 이 紅홍자도 왼쪽의 糸(실 사)와 오른쪽의 工(장인 공)으로 이루어져 있는 从糸, 工聲종사공성의 형성의 구조이다. 그런데 工공은 또한 세밀하고 정교하다는 의미의 정치精致함을 의미하기도 한다. 工공은 무언가를 세밀하고 정교하게 만드는 도구이기 때문이다. 그래서 이 紅홍자 역시 工공이 형부까지 담당하고 있기에 결과적으로 회의겸형성자이다. 工공을 단순히 성부로만 분석하여 紅홍을 형성자로 분석하기도 하는데, 엄밀히 따지면 맞지 않다.

한편, 홍위병紅衛兵은 1960년대 중국공산당의 청년운동에 가담한 대학생 및 고교생 집단의 학생들로 마오쩌둥을 지지하고자 투쟁한 준군사적인 조직이다.

홍위병은 Red Guards로 번역이 되듯이 공산주의[紅]를 지키는[衛] 병사라는 의미이다.

[한자 衛의 자형, 자원 연변]

商 갑골문	周 금문	秦 전서	漢 예서	現代 해서	現代 간체

갑골문의 를 보면 좌우 양쪽의 길[=行]과 그 사이에 우물을 상징하는 원과 그 우물의 위아래로 발[=止]이 그려져 있다. 즉, 한 마을[=國]을 구성하고 유지함에 있어 가장 중요한 자원인 물을 지키는 병사의 조합이다.

갑골문 보다 더 회화적인 금문의 또 다른 자형인 을 보면 아직 좌우 양쪽의 길[=行]이 반영되지 않은, 우물을 사방으로 지키는 모습이 확연하다. 일본의 자위대自衛隊가 이 의미이다.

韋위의 위아래를 보면 止지가 있는데, 이 止지의 갑골문도 의 모양으로서 동일한 발의 모양이다. 이 발에 종아리가 더해진 자형이 이며, 이것이 금문으로 변하면서 이 된다. 바로 足족이다. 韋위는 그래서 포위包圍의 의미가 있기에 나중에 韋위에 경계선으로 둘러싸인 圍(둘레 위)가 만들어진다.

한편, 國국은 가운데 네모로 표시된 우물과 그 주위의 창, 그리고 둘레가 합쳐진 글자이다. 우물과 그 우물을 지키는 병사가 있는 곳이 '고을'이었다가 그 의미가 '나라, 국가'까지 확장된 것이다.

衛위는 전체적으로 보면 '从行, 从韋聲'종행종위성의 구조인데, 가운데의 韋위가 의미를 반영하고 있는 성부이다. 좌우의 行행은 마을의 길거리이거나 병사들의 행렬行列로 보면 된다. 그래서 衛위는 회의겸형성자로 보는 게 맞다.

간화자는 卫위인데 衛위와 많이 다르지만 衛위의 초서체를 반영한 것이다.

2) 青청

[한자 青의 자형, 자원 연변]

周 금문 秦 전서 漢 예서 現代 해서

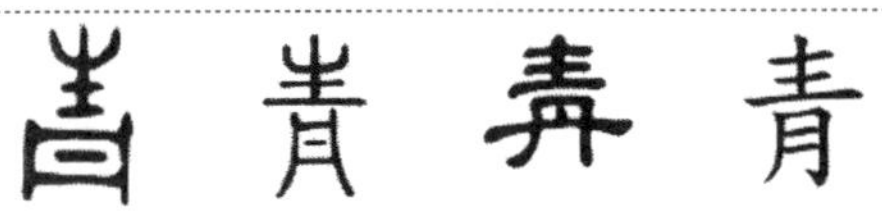

‘청’青자는 갑골문에 보이지 않는다. 금문의 두 예자는 ‘从生, 井聲’종생정성의 구조이다. 生의 갑골문은 으로서, 땅에서 갓 나온 어린 풀의 모양이다. ‘青’청은 형부이며, ‘井’성은 성부이다. 그러다 진秦의 전서체에 이르러 정井이 단丹으로 바뀌어 현재는 정井이 반영된 青청과 단丹이 반영된 靑청이 함께 쓰이고 있다.

생명의 탄생을 담고 있는 이 글자는 그래서인지 오정색五正色이면서, 목木에 속하고 만물이 싹트는 봄[春]과 방위로는 동쪽을 대표한다.

그런데 사실 청색은 고대인들이 남색藍色을 부르던 이름이다. ‘남’藍자는 본래 풀이름 藍草남초에서 유래한다. 이 풀은 직물을 염색할 수 있으며, 그래서 ‘청색은 남초에서 나왔으나 남초보다 파랗다’(청출어람, 청어람青出於藍, 青於藍)라는 말로 우리에게 익숙하다. 순자荀子가 학문에 대해서 설파한 「권학」勸學편에 실린 글이다.

스승보다 뛰어난 제자가 될 수 있다는 의미이니 남색은 위 문장에서는 제자이지만, 일반적으로는 서민의 색이다. 서민들이 입는 옷 가운데 남색이 가장 많은 이유가 여기에 있다. 그 역사는 3천년이 넘으며 한족漢族에게 가장 보편적인 색이기도 하다. 그래서 중국 인민복人民服의 색이기도 하다.

중산복을 입은 쑨원

인민복은 신해혁명(1911년)[13]이 일어난 뒤 혁명의 지도자 쑨원(孫文 / SūnWén, 1866~1925)이 입던 옷과 똑같이 만든 중국의 일반 대중이 입는 일종의 국민복이다. 지도자인 그가 일상생활에 편리하도록 만든 옷이며, 인민복의 색이기도 하다. 그의 호號를 따 중산복中山服, 중산장中山裝이라고도 부른다.

현재에도 중국의 지도자 시진핑習近平 주석과 북한의 김정은 위원장이 즐겨 입는 옷이다. 국가 지도자가 타국의 지도자를 예방할 때 입는 옷이니 이미 서민의 옷을 넘어서 국가적인 예복의 지위까지 갖고 있는 것이다. 한편, 과거 박정희(1917~1979) 정권 시절 그의 오른팔이었던 김종필(1926~2018년)도 인민복과 비슷한 재건복을 입었었는데, 지도자들이 서민과 어울리는 모습을 연출하고자 할 때 적절한 스타일이기도 하다.

13 **신해혁명** : 276년 지속된 청나라, 나아가 진시황 이래 2200년 이상 존속된 천자제도가 종말을 고하고, 동아시아 최초의 공화국인 중화민국이 세워지는 계기가 된 혁명이다.
1911년 신해(辛亥)년에 시작되었기에 신해혁명이라 부른다. 좁게 보면 1912년까지, 넓게 보면 1915년까지 일어난 혁명이다.

군사분계선을 넘는 김정은 위원장과 문재인 대통령(2018.04.27.)
그리고 영국을 방문하여 여왕과 건배를 하고 있는 시진핑 주석(2015.10月.)

청靑자가 들어간 단어들을 살펴보면 다음과 같다.

① Cobalt Blue와 bone china

중국 도자기의 기원은 은주殷周 시대이다. 갑골에 글자를 새기고 도자기에도 알 수 없는 기호를 새겼었다. 한대漢代에는 청자까지 만들었다.

이 도자기가 유럽으로 전해진다. 대항해 시대를 맞아 동남아시아와 멀리 중국이며 일본까지 진출했던 포르투갈 상인들이 명明(1368~1644)나라로부터 중국 도자기를 사들여 유럽으로 실어 날랐다. 하지만 그것은 오로지 상류계층만을 위한, 소량에 불과한 그야말로 사치품이었다.

1760년대 오스트리아 황후 마리아 테레사 (Maria Theresa)의 '도자기의 방' [출처 : quintessenceblog.com]

17세기 이후 유럽인들은 이른바 '신대륙의 발견'으로 인해 먼 대륙으로부터 신기한 물건들에 관심을 갖게 된다. 유럽의 왕족과 귀족들은 온갖 물건들을 전시하는 호기심의 방(Cabinet of Curiosities)을 만들었으며, 특별히 '도자기의 방'(China Room 혹은 Porcelain Room)[14]을 따로 만든 왕족도 있었다. 유럽의 하늘색과 비슷한 Cobalt Blue색의 이 도자기는 미지의 세계를 소유하려는 유럽의 욕망이자 부와 권력의 상징이었다.

이렇듯 중국의 도자기가 유럽으로 유입되자 영국은 중국식 자기를 모방하여 도자기를 제작하는데, 이것이 본차이나(bone china)이다. 현재 영어사전의 china엔 ①고령토 ②자기(그릇)란 뜻이 있으며, 특히 본차이나는 뼛가루를 섞어 만든 고급 도자기류를 뜻한다. China가 중화인민공화국, the People's Republic of China이다.

14 china : ①고령토, 도토 참조 bone china : 본차이나 (뼛가루를 섞어 만든 고급 도자기류) ②자기 (그릇) a china vase 고령토로 만든 화병
* porcelain [ˈpɔːsəlɪn] : 자기(磁器)

이 본차이나의 탄생으로 도자기의 종주국이 중국에서 영국으로 전환되었다고 말하는 사람들도 있으나, 사실 유럽의 도자기는 차茶 문화와 깊은 관련이 있다. 그런데 이 차 문화는 다름 아닌 중국의 차가 포르투갈의 선교사들에 의해 17세기 초에 네덜란드의 암스테르담에 전래되면서 시작된 것이다. 결국 유럽의 차 문화 또한 도자기와 마찬가지로 중국의 문화를 수입한 것에 다름 아니다.

② 대항해시대

잠시 대항해시대에 대해 언급할 게 있다. 대항해 시대는 15세기에서 16세기에 걸쳐 유럽인들의 신항로 개척이나 신대륙 발견이 활발하던 시대를 말한다. 서구에서는 '위대한 지리상의 발견'이나 '신항로의 개척' 시대로 정의한다. 하지만 이것은 서구문명 중심주의에서 비롯된 발상이다.

오히려 대항해시대를 개척한 것은 중국 명나라의 정화(鄭和, 1371~1434)가 그 처음이기 때문이다. 그는 1405년부터 1433년까지 62척의 대형 범선과 2만 7800명의 승무원으로 구성된 세계 최대의 함대였다. 위풍당당한 대원정이었다. 28년 간 일곱 번에 걸쳐서 5만km에 달하는 37개국을 방문하였다. 지구 반대편까지 명나라를 알린 것이며, 새로운 바닷길과 새로운 외교관계를 구축한 것이다.

이론의 여지가 있지만, 2002년에 출간된 영국 작가이자 은퇴 한 잠수함 지휘관이었던 개빈 멘지스(Gavin Menzies, 1937~)의 『1421 중국, 세계를 발견하다』에서 이 항해는 중국인들이 콜럼버스보다 수 십 년 전에 아메리카를 발견하고, 마젤란보다 수 십 년 전에 세계를 일주했다고 주장하였다.[15]

사실 여부를 떠나서 정화의 대원정에 대해 우리가 놓쳐서는 안 될 점이 있다. 즉, 고대에 중국으로 대표되는 동양이 서양에 결코 뒤지지

15 『1421 중국, 세계를 발견하다』(개빈 멘지스 저, 조행복 역, 사계절, 2004.) 참조

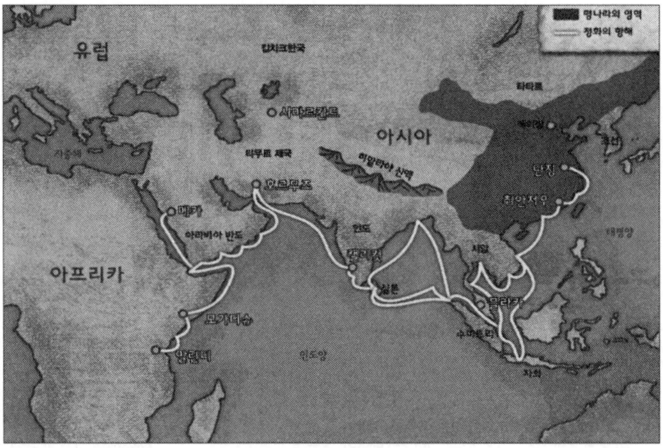

정화의 항해

않았다는 점이다. 그들의 과학 문명은 여러 부분에서 서양보다 앞섰음에도 불구하고, 문호를 폐쇄한 채 소위 '근대화'에 관심을 두지 않은 중국이 결국 '서양 오랑캐'에게 머리를 숙이고 오늘날까지 서구 중심의 세계에서 완전히 벗어나지 못하고 있다는 점이다.

아울러 정화의 업적이 서양에서는 동양에서만큼 평가 받지 못하고 있는데 이는 서양과 동양의 기술문명 차이 때문인 것도 간과해서는 안 된다. 사실 고대에는 동양이 항상 서양을 이끌었고 서양이 앞선 것은 근대화의 결과라고 할 수 있다.

3) 黃황

[한자 黃의 자형, 자원 연변]

商 갑골문	周 금문	秦 전서	漢 예서	現代 해서	現代 간체

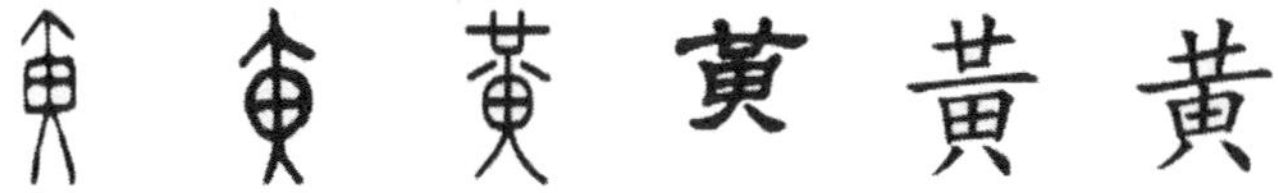

허리에 패옥을 착용한 모습

갑골문의 자형은 위아래를 밧줄로 묶은 즉, 결승結繩을 한 패옥佩玉의 모양이며, 자형은 패옥이 두 개 중첩된 모양이다. 패옥이란 벼슬아치의 예복 위에 좌우로 늘이어 차는 옥을 말한다. 옥을 이어서 무릎 아래까지 내려가도록 한다. 중국 고대에 옥은 길상吉祥의 장식물을 넘어선다. 즉, 고대 중국인들은 옥이 좋은 운과 건강을 가져다줄 뿐만 아니라 질병과 사악한 기운을 막는 작용을 한다고 믿었다. 그래서 "사람은 옥을 만들고, 옥은 사람을 양생한다."(人養玉, 玉養人)라는 말까지 있다. 당연히 몸에 지니고 다녔으며, 멋진 장식품으로도 동시에 활용되었을 것이다.

위의 표에서 제시한 금문 자형 은 갑골문 을 계승한 것이나, 해서체의 黃황과 비슷한 금문의 다른 자형인 상단의 (廿) 부호는 무엇을 뜻하는지 알 수 없다. 다만 이 방국명方國名으로 사용되자 黃황과 구분하기 위해서 더한 부호로 추측한다. 금문의 또 다른 자형 상단의 (止)지 부호도 이 역시 방국명으로 사용되자 黃황과 구분하기 위해서 더한 부호로 추측한다.

자형은 예서에 이르러 고대의 모습을 잃게 되지만 위의 廿(스물 입)과 아래의 두 개의 옥이 겹친 모습은 남아 있다. 즉 黃황은 '从廿, 聲'종입 종?의 구조로 이루어진 형성자이다.

『설문해자』 고문의 의 윗부분은 (止)지가 뒤집혀진 모양이라고 하였는데, 황이 방국명으로 쓰이자 夊을 더해 구분을 한 것이다. 결과적으로 黃황은 从夊, 从炗종치종광의 구조인데, 이때 炗광은 光광의 고대 형태로서 성부를 담당한다. 형성자가 맞다.

글자의 구조에 대한 다른 풀이도 있다.

『설문』에서는 "黃, 地之色也. 从田, 从炗, 炗亦聲. 炗, 古文光. 灸, 古文黃.(黃황은 땅의 색이다. 田전을 따르고, 炗광을 따른다. 炗광은 또한 성부이다. 炗광은 古文고문의 光광이다. 灸광은 古文고문의 黃황이다.)"라 한 것이 그것이다.

이 설명 가운데 글자의 구조를 풀이한 부분은 "从田, 从炗, 炗亦聲.(田을 따르고, 炗을 따른다. 炗은 또한 성부이다)"인데, 즉 "黃황=田전+炗광(=光광)"의 구조라는 것이다. '땅'이라는 의미를 담당하는 田전과 '빛'이라는 의미뿐만 아니라 발음도 담당하는 光이 합하여 이루어진 구조로 분석하였다.

이를 [땅에 빛이 비치다 → 흙의 색깔 → 노랑]으로 연상할 수 있다. 허신의 주장인 만큼 무시하긴 어려우나 허신은 갑골문을 참조하지 못하였다. 갑골문 은 田전자가 가운데 있으나, 은 그렇지 않다. 갑골문의 모양에 근거하건 한대 허신의 주장을 따르건 모두 타당하다 할 수 밖에 없다.

한편, 과 을 아예 불화살(화전/火箭)으로 보아 [불화살의 모양 → 불의 색깔 → 노랑]으로 되었다는 주장도 있다. 이는 黃황이 '노랑'을 의미하기에 그리 해석을 한 것이리라. 중국 고대의 음양오행陰陽五行사상에서는 색깔 중에서 黃황을 제일 소중히 여겨 하늘은 검고, 땅은 노랗다고 하였다. 그래서 천자天子는 황제黃帝 때 이미 비롯되었다고 하고 있다. 하지만 이는 음양오행이 만연한 한대의 주장임을 간과해서는 안 된다. 천지현황天地玄黃이 그것인데, 정렬을 다시 하면 풀어쓰면 천현天玄과 지황地黃이다.

그런데 黃황은 음양오행사상이 있기 전부터 '노랑'의 의미를 가졌었는데, 이는 어떻게 해석해야 하는가?

신중국 시기 중국의 문학가이자 정치가였던 곽말약(郭沫若, Guō Mòruò, 1892~1978년)은 "黃即佩玉 …… 後假為黃白字, 卒至假借義行而本義廢, 乃造珩若璜以代之, 或更假用衡字.(황은 패옥이다. …… 나중에 노란색의 의미로 대신 사용되어, 점차적으로 가차 의미가 사용되고 본의는 사라졌다. 그래서 珩(노리개 형 = 패옥)이나 璜(서옥 황 = 패옥)을 만들어서 (黃을) 대신하였고, 심지어 衡(저울대 형 = 패옥)으로도 대신 사용하였다."(『金文叢攷』, 1932년 출간)라고 하였다. 곽말약의 견해는 黃황은 珩형, 璜황 혹은 衡형의 초문初文이라는 것이다.

황黃의 본의는 패옥으로 보는 게 맞다. 그런데 황이 노란색의 의미로 사용된 것은 땅의 색깔이나 불화살의 색깔로 보는 것도 일면 타당하나, 이는 음양오행사상이 반영된 한대의 해석임을 고려하면, 황이 노란색의 의미를 갖게 된 것은 문자학적으로 가차假借로 보는 것이 타당하다 하겠다. 즉, 황은 형성이자 가차이다.

① 黃帝황제와 皇帝황제

앞에서 '황'黃자는 대지의 색이라 하였다. 『설문해자』에서 그랬다. 『설문해자』 보다 앞서 나온 『석명』釋名[16]이라는 책에는 "황은 밝다는 뜻이다. 눈이 부시도록 밝아서, 햇빛의 색을 닮았다.(黃, 晃也. 猶晃晃, 象日光色也.)"라고 하였다. 그래서 황색은 중국 전통 문화에서 지위가 높다. 방위로도 중앙에 해당한다.

최고의 권위와 존엄을 대표하기에 '중앙의 나라' 중국中國이라는 국명이 그러하다. 하늘 아래 최고의 위치에 있는 천자만이 사용할 수 있는 색이었으며, 송대宋代 이후 황제의 전용색이 되었다. 지금의 자금성紫禁城 지붕은 찬란하게 노랗다.

16 『釋名』(석명) : 중국 한(漢, 기원전 202년~220년)나라 말기의 훈고학자 유희(劉熙, ?~?)가 백과사전의 성격을 지닌 『爾雅』를 모방하여 1502개의 사물의 명칭을 27개 부문으로 분류하여 뜻풀이한 책이다.
기원전 213년 이전에는 출간되었을 것으로 추정한다.
『이아』(爾雅), 『설문해자』(說文解字), 『석명』(釋名)은 상고시기 중국의 3대 사전으로 분류될 정도로 그 영향력이 크다.

중국의 창세신화에 삼황오제三皇五帝가 있다. 일반적으로 신농神農, 복희伏羲, 여와女媧를 삼황으로, 황제黃帝 · 전욱顓頊 · 제곡帝嚳 · 요堯 · 순舜을 오제로 본다. 황제는 처음으로 중국을 통일해 국가를 세운 최초의 군주이자 문자, 의복, 수레, 거울, 60갑자 등의 문물을 만들어 중국 문명을 창시한 인물로 숭배를 받아 왔다. 그리고 이상적인 제왕의 모습으로 여겨진다.

중국에서 황제가 하늘에 제사를 올리는 의식을 행하기 위하여 설치한 제단인 천단(天壇)은 건축물은 명나라 태조 홍무제(洪武帝)때부터 시작되었지만, 진정한 시작은 '황천상제'(皇天上帝)라 할 수 있다.
그 모양이 3층의 흰 돌로 지은 대원구(大圜丘)로서 하늘을 본떠서 만든 것이다.

『석명』이라는 자전의 특색은 "土토는 吐토이다. 토하여 만물을 만든다(土吐也, 吐生萬物也)", 雨우는 羽우이다. 새 깃털의 움직임이 마치 흩어지는 것 같다(雨羽也, 如鳥羽動則散也)처럼 풀이를 받는 단어와 풀이를 하는 말의 발음이 같거나 비슷하다.

즉, 음이 비슷한 어휘는 뜻도 관련이 있다는 학설로서 이른바 성훈법聲訓法이라 한다. 이 풀이법을 사용한 석명에서 '황'黃을 풀이하면서 발음이 같은 '황'晃(밝을 황)을 사용하고 있다.

이 '황'黃과 '황'晃(밝을 황)의 관계와는 다르지만, The Emperor를 의미하는 황제皇帝라는 명칭이 황제黃帝에서 비롯되었다는 해석이 있다.

그 내용은 다음과 같다. '황제'皇帝는 본디 제왕帝王이 아니라 '황천상제'皇天上帝의 줄임말로서 '천제'天帝를 뜻한다. 이것이 오행 사상과 관련해 곤륜산崑崙山을 중심으로 동·서·남·북을 각각 청제靑帝 혹은 蒼帝·백제白帝·적제赤帝·흑제黑帝가 다스리고 중앙을 황제黃帝가 다스린다는 사상으로 이어지면서 '임금 황'의 '皇帝'황제가 '중앙'의 '黃帝'황제로 변화되었다는 것이다.

한편, 황제黃帝의 '황'皇은 '임금 황'으로서 갑골문 은 '활활 타는 횃불'의 모양이다. 다른 갑골문 은 임금 왕王자를 더해 그 성부로 삼은 자형이다. 각각 상형과 형성에 속한다. 결국 '황'黃과 '황'皇(밝을 황)은 발음만 같을 뿐 자형이나 의미는 서로 연관이 없다.

② 黃色황색의 다른 의미

선정적인 보도를 일삼는 언론을 뜻하는 단어로 현대중국어인 黃色报[황색보, huángsèbào]는 황색 신문 즉, yellow paper를 의미한다. 유사한 단어인 黄(色)笑话[황(색)소화, huáng(sè)xiào·hua]도 있다. 그래서 청소淸掃의 소掃의 간화자 扫소를 사용한 扫黄[sǎohuáng]은 '음란물을 소탕하다.'이다. 그러나 이러한 현대중국어의 단어들은 중국적인 노란색과는 차이가 있는 서구에서 전해진 말들의 중국식 번역이다.

한편, 황黃에는 "生意黄了."[shēngyi huáng le](영업이 실패했다)처럼 '실패하다. 수포로 돌아가다. 허사가 되다.'라는 의미도 있는가 하면, "黃口"[huángkǒu]처럼 '어리고 미숙하다, 젖내 나는 아이. 풋내기. 애송이'라는 뜻도 있다.

2) 白백

[한자 白의 자형, 자원 연변]

商 갑골문　　周 금문　　秦 전서　　漢 예서　　現代 해서

갑골문甲骨文 은 엄지손가락 혹은 엄지손가락의 흰 반점이 있는 손톱 모양으로 추정한다. 이 흰 반점으로부터 '하얗다'라는 의미를 부여한 상형자이다. 금문과 전국문자 는 갑골문의 모양이 그대로 전해진 모양이다. 전서체의 은 전국문자 의 모양과 비슷하며 위에 획을 찍었는데, 붓의 영향으로 보인다. 예서와 해서는 모두 전서체의 모양을 계승하였으나 원형의 모양이 사각형으로 변했다. 모두 상형이다.

다른 추정도 있다.

즉, 白백이 日일자 위에 한 획을 더한 것으로 햇빛이 쏟아지는 모양의 상형으로서, '밝은 태양'이 곧 '白'백이라는 것이다. 『석명』釋名에서는 "백은 물이 열리는 것이다. 얼음물이 녹아 쏟아질 때의 색이다.(白, 啟也, 如冰啟時色也.)"라고 하였으며, 이외에도 껍질을 벗긴 쌀이라는 견해도 있다. 모두 부정할 수 없는 추정이나, 엄지손가락으로 보는 견해가 우세하다. 엄지손가락은 손가락 가운데 가장 큰 손이어서, 고대에도 으뜸을 나타냈다. 白백에 '첫째', '맏이'의 의미가 있는 것이 그 예이다.

① 천민賤民과 죽음의 백의白衣

흔히들 우리 한민족을 '백의민족'白衣民族이라 하는데, 중국에서 흰 옷은 시대마다 달랐다. 은殷나라 때에는 백색을 숭상하여 사람들이 흰색의 옷을 입었다.

그러나 진秦나라 때에는 흰 옷은 평민들이 입을 수 없게 하자, 백색은 평민 아래의 계층인 천민의 색으로 변했다. 훗날 '지식이 없는 사람', '관직에 오르지 못한 선비'를 일컫는 백정白丁과 백신白身이라는 말이 그 예라 할 수 있다. 그 백정이 우리나라에 전해져서 '소, 돼지 따위를 잡는 일을 직업으로 하는 천민'이라는 의미로 사용되었을 것이다.

고대 중국문화에서의 백색은 홍색과 상반되는 색이어서 물질뿐 아니라 정신적으로도 배척과 혐오의 대상이었다. 이 백색은 방위로는 서쪽과 가을을 대표한다. 그래서 백색은 또한 소멸과 사망 및 흉조를 상징한다. 친인척이 사망했을 때 입는 장례 복장은 흰색의 효복孝服이며, 장례식을 치르는데 중국에서는 이를 백사白事라고 한다.

반면, 서구의 백색은 'a white soul'처럼 순수하며 순결함을 상징한다. 중국의 장례식 복장이 흰색인 반면, 서구의 'white wedding'은 신부가 입는 드레스이다. 동시에 정직과 성실도 의미하는 것이다.

5) 黑흑

[한자 黑의 자형, 자원 연변]

商 갑골문 周 금문 秦 전서 漢 예서 現代 해서

금문 자형 은 고대 중국의 형벌 중의 하나로 이마에 문신하던 형벌인 묵형을 받은 사람의 모습이라 추정한다. 즉, 먹물로 얼굴에 죄인임을 밝히는 일종의 문신을 한 것이다. 그러나 갑골문 자형 에는 문신의 자국이 없다. 자원字源의 추정은 결코 쉽지 않다.

그런데 금문의 또 다른 자형 의 윗부분은 불을 때면서 생긴 그을음이 묻어있는 굴뚝, 아랫부분은 화火자이며 그 양옆의 점은 불꽃으로 분석하기도 한다. 『설문해자』의 흑黑자에 대한 분석은 소전의 자형에 근거한 것이지만, 금문의 이 두 번째 자형에 대한 추정과 공통점이 있다. 즉, "火所熏之色也. 从炎, 上出囪. 囪, 古窻字.(불에 그을린 색이다. 염炎과 윗부분의 囪창으로 구성되었다. 囪(=囱천장 창)은 고문의 窻창(=窓창)이다.)라고 흑黑에 대해 풀이했다.

갑골문과 금문의 자형에 대한 견해는 분분하나 전서에 근거한『설문해자』의 주장도 일리가 있다. 갑골문 과 금문 은 상형에 속하는 것으로 보아야 한다. 그러나 금문 과 전서체의 부터는 창[囪=囱]과 염炎 혹은 화火가 결합된 구조이니 회의자이다. 이 회의자의 구조가 흑색이라는 의미를 분명하게 나타내고 있다.

① 흑색黑色과 무리 당黨

앞에서 고대 중국문화에서의 백색은 홍색과 상반되는 색이라고 하였는데, 흑색도 홍색과 상반되는 색이었다. 그래서 흑색 또한 '불길함', '흉조'를 나타내었기에 백색과 마찬가지로 흑색은 상복喪服의 색이었다.

반면 흑색은 고대 중국에서 여성들이 얼굴을 꾸밀 대 쓰는 색이기도 했다. 그래서 눈썹과 입술에 검은 색을 칠하는 화장이 당나라 때 유행하였다.

이 黑흑자 아래에 土토를 더하면 그을음에 송진을 섞어 끈끈하게 만든 문방사우文房四友의 하나인 먹이 된다. 즉 '먹 墨묵'자이다. 진秦나라 시始황제는 평민 백성 머리 장식용 두건을 흑색만을 쓸 수 있게 하였고, 이로부터 '백성'을 의미하는 '黔首검수'라는 단어가 생겼다. 黔검은 '검을 검'이다. 이때의 흑색은 부정적인 의미가 아닌 북방의 수덕水德을 상징하기 때문에 진나라를 대표하는 색으로 정한 것이다.

한편 '무리'를 일컫는 黨당자는 뜻을 나타내는 '검을 黑흑'부와 음을 나타내는 尙상으로 이루어진 형성자이다. 尙상의 음 '상'이 黨당에서 '당'으로 변했다. 그런데 尙상은 높은 창문에서 연기가 나가는 모양을 나타내고 있으니, 黑흑은 창문(굴뚝)의 그을음과 합쳐져 黨당을 나타내고 있으니 黨당은 형성자를 넘어선 회의겸형성자이다. 즉, 黨당은 연기 나는 창문(굴뚝)에 그을음이 검게 뭉쳐진 모양의 글자이다. 본래 '쓸데없이 사람들이 많이 모이는 모임'을 黨당이라고 한 것이다. 현재도 그렇다.

黑字흑자는 '수입이 지출보다 많아 잉여 이익이 생기는 일'을 의미하는데, 수입 초과액을 표시할 때 주로 흑색 잉크를 쓰는 데서 유래하였다고 한다. 黑흑의 또 다른 쓰임이다.

김태완(金泰完)

전남대학교 중어중문학과 교수

전남대학교 중문과 학부를 데모 반, 음주 반으로 날려버리고, 동 대학원에 가서야 속차려 음운론으로 공부를 시작하였다. 박사를 마치고 한중의 음운관계에 대해 논문을 쓰다 문자에 눈을 떴다. 소리와 형체의 관계가 별개의 것이 아니라는 것을 인식한 순간, 학문의 길에서 희열을 맛보았다. 물론 남들이 인정할 정도는 아니었고, 그저 제 혼자 그랬었다. 그래서 나온 첫 저서는 문자학과 관련한 초보적인 수준의 『허신의 고뇌, 창힐의 문자』(2007)였다. 연이어 몇 권의 저서와 게으른 논문을 내고 현재는 문자 연구 반, 음주 반으로 연구실과 술집을 기쁘게 오가고 있다.

학위논문

「上古漢語 聲調硏究」(석사), 「上古漢語 聲母體系硏究」(박사)

저 · 역서

『Image와 중국의 상형문자』(2015, 인터북스, 단독)
『甲骨文과 中國의 象形文字』(2012, 학고방, 단독)
『허신의 고뇌, 창힐의 문자』(2007, 전남대학교 출판부. 단독, 2007년 문화관광부우수학술도서상수상)
『동아시아의 생사관』(2009, 전남대학교 출판부, 공저)
『한자, 한문 그리고 중국문화』(2008, 전남대학교출판부, 공저)
『중국 고대 학술의 길잡이-《漢書·藝文志》註解』(2005, 전남대학교 출판부, 공저)
『중국학입문』(2005, 전남대학교 출판부, 공저)
『중국고대문학 사상과 이론』(2003, 전남대학교 출판부, 공저)

나는 한자다

초판 1쇄 발행 _ 2019년 12월 31일

저　　자 · 김 태 완
발 행 인 · 정 현 걸
발　　행 · 신 아 사
인　　쇄 · 대명프린팅
출판등록 · 1956년 1월 5일 (제9-52호)
주　　소 · 서울특별시 은평구 통일로 59길 4 (2층)
전　　화 · 02)382-6411 · 팩스 02)382-6401
홈페이지 · www.shinasa.co.kr
E-MAIL · shinasa@daum.net

ISBN 978-89-8396-379-6 (93720)

정가 *15,000*원